次世代日本型組織が世界を変える

幸福学×経営学

WELL-BEING × MANAGEMENT

前野隆司
小森谷浩志
天外伺朗

内外出版社

はじめに

突然ですが、「87人＝35億人」。この数字、何だと思いますか。

これは、国際的なＮＧＯが２０１４年に発表した、世界の資産格差を示すものです。なんと驚くことに上位87人の資産が、下位35億人と同額だというのです。35億人というと70億の世界人口の半数です。そして、約50億人が貧困または極貧状態にいるといわれます。飢えに苦しみ、教育や医療を受けることもままならず、病気にもかかりやすい状況に置かれる。貧困がもたらす絶望的な環境は犯罪やハード・ドラッグに結びつき、国境を越えて人類全体に影響を及ぼす毒となっているのです。

貧困は歪んだ社会状況がもたらした根源的社会問題のひとつです。この他にも、いつどこで勃発するか予測がつかないテロ、国家間や宗教間、イデオロギーの対立、さらには、種の絶滅や気候変動などの環境問題ものしかかって、われわれ人類は、未だに光明が見出せない状況に置かれています。こうした現実を見ると、ここまでの経済や科学のシステムが発展していった陰で、深刻な副作用をもたらしていることは確かです。

われわれは、今あるものを改善する、例えば、単にガソリン車をエコカーに乗り換えるというレベルではなく、移動概念に目を向けるように、あり方そのものを根本から見直す時期を迎えているといえそうです。

ここのところ何かと話題になっている「働き方改革」においても気になることがあります。生産性向上のための労働時間の短縮やタイムマネジメント手法にばかり注目が集まり、「長時間労働」を敵視する論調が多く見受けられることです。

しかし、新しい仕事を覚える段階やプロジェクトの大詰めでは、しっかりと時間をとる必要もあるでしょう。本書の先進事例でも「仕事の報酬は仕事」と仕事を楽しみ、仕事を通じて生きる意味を見出し、生きることを充実させている人たちとのたくさんの出会いがありました。この方々から、「生産性」や「時短」の話題は出ませんでした。

生産性向上の手法に走るのではなく、「自分の何を通じて社会に貢献するのか」、「自分がこの組織で働く意味は何なのか」、「自分にとっての幸せは何なのか」を深く問うているように見受けられました。

やや大げさに聞こえるかも知れませんが、自分を含めた人類という存在そのものをどう捉えるのか、生きることの意味は何なのか、どちらに向かって行くのがいいのか、より根源的な問いに向き合うことが求められていると考えます。

私たちは、2014年より始めた「ホワイト企業大賞」活動の中で、「社員の幸せ、働きがい、社会貢献」の3点をホワイト企業経営の軸として捉え、人間性経営を追求する活動を続けています。

ホワイト企業大賞の委員3名で綴る本書の目的は、不透明な時代における、これからの経営のあり方について読者の皆さんと探求していくことです。特に「幸福」をキーワードに進めて参ります。「働く＝幸せ」と素直に思えるような経営の探求です。私たちは、幸せになるための基本メカニズムが存在すると考えています。これまでの研究で、幸せの因子分析の結果、「幸せの4つの因子（やってみよう・ありがとう・なんとかなる・ありのままに）」を満たすことで幸福を得られることが明らかになっています。

さらに本書では、「幸福な状態で働く人々は、会社に何をもたらすか」に踏み込んでいきます。幸福学では幸福を一時的なhappinessというよりも、身体的、精神的、社会的に良好で満たされ、健やかな状態の持続である「well-being（ウエル・ビーイング）」と捉えます。本書の目指すところは、「well-being経営」の追求といってもいいかも知れません。

第1章では、幸福学の観点から、経営を捉え直します。特に幸福の4因子に加え、「ホワイト企業大賞」応募企業のアンケートから見出された、新しい3因子を提示します。この3因子はこれからますます多様化する働き方にヒントを与えてくれるものと思います。

第2章では、「ホワイト企業大賞」受賞企業の取り組みを紹介します。製造、保険、小売、ITとそれぞれ異なる業界の、特徴ある4社の事例は、それぞれがユニークですが、通底するものを感じると思います。経営者の生き方、経営のあり方に示唆を与えてくれます。

第3章では、経営学の観点から、経営を捉え直します。これまでの経営学をたどり、副産物としての3つの病を示すとともに、これまでの経営学では捉えきれない組織体を検討します。結果として、これからの経営学の水先案内となる、4つのキーワードを提示します。

第４章では、「ホワイト企業大賞」誕生の経緯と根本にある考えと併せて、これまでの歩みと、これからの展望を紹介いたします。それは、「日本型経営の再発見」であり、日本の独自性を活かした経営学を樹立することでの、不透明な時代への貢献となるでしょう。

本書はこれからの経営のあり方がテーマです。これまでの考え方ややり方が行き詰まる中、苦労しながらも、試行錯誤を繰り返し、未来の可能性を開く経営に取り組む人たちが登場します。皆さんも是非、これからの経営に向けて、未来の可能性を高め、ともに歩んで参りましょう。

小森谷浩志

目次

2章

目次

カバーデザイン　小口翔平＋三森健太(tobufune)
本文デザイン・ＤＴＰ　ナナグラフィックス
編集協力　平林謙治

1章

前野 隆司
慶應義塾大学大学院 システムデザイン・マネジメント研究科 教授

幸福学が経営を変える

誰もが働くことで幸せになり、かつ、企業の業績も伸ばしていくために必要なことはなんなのか。

幸せのメカニズムを研究する独自の学問「幸福学」の視点から、これからの経営に求められる新しい会社のあり方を考える。

第1節　なぜ幸福を研究するのか

◆SNSで〝炎上〟した、幸福に関するひとつの質問

以前、といっても、2年ほど前のことですが、私はSNSを使って、自分とつながってくれている人たちにある質問を投げかけてみました。実際のところ、みんなはどう考えているのか。周囲の反応を確かめてみたいと思うことがあったからです。

質問はこうです。「あなたは次の①、②どちらの考えを支持しますか」。

① 会社の経営で一番大事なことは、社員全員を幸せにすることである

② 会社の経営で一番大事なことは、会社の利益を確保することである

「幸福学」の研究者および実践者である私自身の考えは、もちろん①です。

会社組織を運営する上で大切なことは、第一に、その会社で働く人々の幸せを追求することである。会社や仕事を通じて、社員一人ひとりが本当の意味で幸せになれば、顧客や取引先を始め、その社員の家族、友人・知人など彼らのまわりにも幸せの連鎖が広

がり、ひいては社会全体の幸せにつながっていくと、私は考えています。

考えてみてください。①と②の「会社」を「家族」に置き換えたらと。当然、①家族の運営で一番大事なことは、家族全員を幸せにすることです。もともとはみんなで力を合わせるためにできた会社においても、本来は家族と同じく①が大切だと、私は確信しています。

確信しつつも、その考えが他者からどれぐらい受け入れられるか、共感を得られるかが知りたくて、右の質問を投稿してみたわけです。

投稿には非常に多くのコメントが寄せられました。予想を超える反響の大きさに思わずたじろぎましたが、それ以上に驚かされたのはその反響＝コメントの中身でした。

賛否両論にして批判多数、いわゆる〝炎上〟です。もうすごかった。私の研究科を修了したある社会人などは、「前野先生、こんな質問をすること自体が間違っています。撤回したほうがいい」と、バッサリですからね。驚きました。彼曰く、「社員ごときの幸せが一番大事だなんて、経営学の基本がまるでわかっていない。会社は第一に、社会のために存在するのであって、そこで働く社員のために在るわけじゃない」そうです。こういう全否定的なコメントをくれたのは、じつは一人や二人ではありませんでした。

「手段（＝原因）と結果を混同している」という意見も多数寄せられました。たしかに、冒頭の質問のしかたは少々粗っぽくて、「一番大事なこと」とは経営の手段を指すのか、それとも目指すべき結果を指すのか、表現が曖昧な点は否めません。批判の多くはそこを指摘するものでした。

「会社の利益を確保すること、平たく言えば『お金を儲けること』は経営の手段であり、『社員の幸せ』はあくまでその結果にすぎない。原因となる手段があって初めて、求める結果が得られるのだから、経営がまず重視すべきは②の『利益の確保』に決まっている」という趣旨のコメントが過半数だったのです。

私のSNS仲間に限った結果ではありますが、要するに「会社が儲かっていなければ、社員を幸せにしたくても、できないんですよ。前野さん!」というわけでしょう。

恐らく世間一般でも、そう言われるとしっくりくるという人のほうが、いまのところは大勢なのかもしれません。たしかに一見、説得力があるロジックなので、そういう反応もあるだろうと予測はしていたのですが、まさか自分と親しい人たちに、②を推す価値観がこれほど根強く蔓延っているとは……。私の持論である①に賛同する声もありましたが、一部にすぎませんでした。正直、意外でしたね。

「働く人の幸せこそ企業経営の要諦」という新しい視点を広めるのは、やはり容易なことではない――。軽い気持ちで投稿したつもりが、あらためて厳しい現実を思い知らされたしだいです。本書はタイトルに『幸福学×経営学』を掲げていますが、日本のビジネスパーソンの既成概念からすると、そもそも幸せと仕事、幸せと会社とを結びつけて論じること自体に、まだ違和感があるのかもしれません。

その意味では対照的に、アメリカのトレンドは進んでいます。さすが、経営学の本場。私も、２０１６年に初めてアメリカの経営学会に参加し、感銘を受けました。戦略やマーケティングなどテーマ別に会場が設けられ、３日間の開催期間中、各会場ともびっしりセッションが組まれていたのですが、驚いたのは、学会の規模の大きさだけではありません。およそ10か所ある会場のひとつに「幸せの経営」というテーマが充てられ、「ウェルビーイング」（well-being）や「マインドフルネス」（mindfulness）といった幸福学に関連する課題が熱心に討議されていたのです。

ちなみに、well-being とは、身体的、精神的、社会的に良好で健やかな状態を表す概念です。「幸せ」に相当する英単語として一般的な happiness とはニュアンスが異なりますが、心理学などの分野ではこちらを幸せの意味で使うのが一般的です。mindfulness は、瞑想を通じて心を整えることで、仕事の効率やパフォーマンスを高める効果があるといわれています。近年、グーグルなどの先進企業が相次いで導入し、話題になりました。

さすがに他のテーマと比べると、こうしたテーマへの注目度はまだ低く、私が参加したときも、会場でのセッションは常時盛況だったわけではありません。しかし、経営学会で取り上げられ、専用の会場がひとつ設けられるだけでも画期的なことなのです。すでにアメリカでは、「社員の幸せ」が主要な経営課題のひとつとして認知されつつあり、well-being や mindfulness を重視した経営手法にも、人々の関心が集まり始めている。その新潮流の一端を垣間見る思いでした。「幸福学×経営学」の黎明を、日本より一歩も二歩も早く迎えたアメリカの先進性——。前述の〝SNS炎上〟事件に引き比べるとなおさら強く、彼我の差を痛感せざるをえません。

残念ながら、わが国の企業社会はいま、「働く＝楽しい、幸せ」と誰もが素直に思えるような働き方や経営・ビジネスのあり方から、あまりにも遠く離れてしまっているのではないでしょうか。会社は社員を幸せにするどころか、むしろ「会社こそが働く人の心身を蝕み、幸せから遠ざけている元凶」とさえ見なされがちです。私には、そのネガティブな認識が「会社は利益確保が第一」と答えざるをえない日本の企業戦士の〝ホンネ〟のように思えてなりません。本当に、このままでいいのでしょうか。

◆「それ、何の役に立つの？」——科学技術の進歩に疑念

「専門は何ですか？」と聞かれることがよくあります。

私はいま、幸福学という新しい学問領域の研究を行なっていますが、もともとは脳科学やロボットの研究者で、さらに若い頃はエンジニアでした。勤めていた企業ではカメラ用の超音波モーター、大学ではロボットの研究開発に取り組み、日本のものづくりの最前線でつねに新しい技術を追いかけていました。

私がエンジニアを志したのは、人の役に立ちたいと思ったからです。

純真だった少年時代に、大人から「日本は資源が乏しい国だから、科学技術の力で新しいモノを創り、国を豊かにしなければならない。モノが豊かになれば、国は豊かになる」と聞いたのを受けとめて、工学の道に進み、エンジニアになろうと決めました。工学は、物理学や数学などの基礎学問の成果を、技術という人々の役に立つ形で応用する分野ですから。

ところが、大学の卒業論文の審査会のときに、直接の指導教官ではない別の教授から、思ってもみない質問を受けたのです。

「それ、何の役に立つの?」

衝撃でした。人の役に立とうと思って工学の道に進みながら、自分のやっている仕事が何にどう役立つのか、そもそも役に立つとはどういうことなのか、まともに考えたことがなかったからです。そのときの研究もいわば「重箱の隅をつつく」ような、専門的すぎるともいえるような内容で、学問としては高度でも、広く人々の実用に供するものではありませんでした。

以来、「それ、何の役に立つの?」という根源的な問いかけが、私の心の奥底にこびりついて離れなくなったのです。社会へ出て、エンジニアとして働き始めてからもずっと、その自問自答は続きました。

突き詰めると、世の中の役に立つことの究極は、やはり人々を幸せにすることではないでしょうか。ものづくりに限らず、どんな仕事であれ、人々の幸せというものを軸にして考えないと、それが本当に世の中の役に立っているかどうかはわかりません。私がそこに思い至ったのは、40歳ぐらいのときでした。

たとえば、自分の開発したモーターで動く一眼レフカメラが世界中で使われているのを見ると、それはそれで誇らしく、いい気分でした。技術者冥利につきるというものです。しかし、愛好者の物質欲や高級志向を満たすという意味では役に立っているけれど、はたしてその技術がみんなを本当に幸せにしているかというと、それは違うかもしれない……。疑問を感じるようになったのです。

思えば、この半世紀の間に、日本のGDP(国内総生産)は物価上昇率を差し引いてもざっと6倍に増えました。モノも豊かになりました。科学技術の進歩がこれに少なからず貢献したことは間違いありません。しかし、そうした経済の成長にもかかわらず、幸せの指標のひとつとされる国民の生活満足度（生活への満足についてアンケート調査を行なった結果）は、驚くべきことに、戦後間もない1950年代からほぼ横ばい。変わってはいないのです。国連が毎年発表している「世界幸福度報告書」最新版（2018 World Happiness Report）のランキングでも、わが国は155カ国中54位。先進国の中で、際立って低い順位といわざるをえません。

統計を見るかぎり、科学技術の進歩でいくら実質GDPが増えても、日本人の幸福度はそれに比例していない。経済的・物質的に恵まれた、安全な国に暮らしながら、私たちは幸せになっていないということになります。科学技術こそが国を富ませ、人の役に立つと信じてエンジニアになった私は、その事実を知ったとき、足元が揺らぐ思いがしました。全身全霊で成し遂げてきた仕事に対して、「それ、何の役に立つの？」という例の疑問があらためて湧き上がってきたからです。ショックでした。いくら技術が進歩しても、開発競争でどれだけ世界をリードしても、人々を幸せにしていないとしたら……。エンジニアはいったい何をしてきたのでしょう。

大学に移ってからは、ロボットを通じて人間の心を理解する研究にも取り組みました。人間のように笑ったり喜んだりするロボットのアルゴリズムを作ってみることによって、人間が笑ったり喜んだりする心のしくみに迫ろうとしたのです。

笑わせれば、笑う――。実際、そういうロボットをつくることはできました。〝幸せロボット〟ですね。しかし、ロボットは笑ったふりをしているだけ。本当に嬉しいわけでも、幸せを感じているわけでもありません。要するに、偽物です。人間の心を理解するためのロボット研究は、所詮、人間の偽物づくりに過ぎない。偽物の幸せをいくら研究しても、本物の幸せに迫ることはできないのです。

むなしい。まどろっこしい。本当に世の中の役に立ちたいのなら、自分も含めみんなを幸せに導きたいのなら、ロボットの幸せを通じて人の幸せを理解するなんて遠回りをしていないで、もっとダイレクトに人間の心と向き合い、どうすれば幸せになれるのか、そのメカニズムを研究すべきではないか。

これが、私が幸せの研究を始めようと考えるに至った理由です。

◆幸せの姿は多様でも、幸せに至るメカニズムは共通

幸せの研究といえば、従来は哲学者か、心理学者が行なうものと思われてきました。私は工学者ですから、哲学や心理学のアプローチとは違って、工学者らしく、〝直接的に人の役に立つ〟ことを中心に据えた幸福学を目指しています。

工学とは、先述のとおり、物理学や数学などの基礎学問の成果を、人々の役に立つ形で応用する分野です。物理学や数学の成果は、人類の知の進化と集積には寄与するものの、そのままでは役に立ちません。同じく、哲学や心理学による幸福研究の成果も、人の心についての知の集積にはなりますが、実際に人々を幸せにするかというと、違うでしょう。私は、幸せのメカニズムを体系として理解することで、幸福学を誰もが実際に活用でき、もっと直接的に人の役に立つ実践的な学問にしたいと考えています。「工学者らしいアプローチ」とは、そういうことなのです。

近年、客観的かつ統計的な視点から、幸せを科学として捉え直そうとする機運は徐々に高まってきました。しかし、そのやり方はというと、幸せに関するさまざまな研究がバラバラに狭く、深く進められているだけ。それぞれの研究者がそれぞれの知見を個別に蓄積しているため、まだ全体統合的ではなく、実際に社会で活かすには十分とはいえません。

結局、全体としてはどういうことなのか――。私は、哲学や心理学だけでなく、工学や政治学、経営学を含めた多様な学問分野を横断し、個々の研究成果を体系化して、人々が幸せになるための心のしくみを解明したいのです。そして、それをより多くの人々に広めたい。私は幸福学を、そうした実践まで含めた総合学問として位置づけています。

本書では「幸福学×経営学」のタイトルどおり、とりわけ経営学との統合や関わりに焦点を当てました。幸福学がこれからの企業経営のあり方や人々の働き方・生き方をどう変えるか――いわば「幸福経営学」の可能性について述べていきます。

そこでまず根本的な話から。幸せとは、そもそも何だと思いますか。

幸せなんて人それぞれ――そう考える人も少なくないでしょう。実際、いろいろな人に「あなたにとって、幸せとは何ですか?」と尋ねてみると、返ってくる答えはまさに百人百様。経済的な豊かさを思い描く人もいれば、夢を叶える喜びやつねにワクワクドキドキしていられる楽しさ、あるいは平穏無事でいられることの大切さを挙げる人もいます。

しかし、幸せの形とは、本当にそれほど多様なのでしょうか。バラバラで、人それぞれなのでしょうか。ロシアの文豪トルストイは、小説『アンナ・カレーニナ』の冒頭にこう記しました。

「幸せな家庭はみな似通っているが、不幸な家庭は不幸な相もさまざまである」

たしかに、そうかもしれません。家庭における不幸のありようは、複雑かつ多様です。悲しみ、苦しみ、怒り、嫉妬、憎悪……。他人には計り知れない、それぞれの問題があるように思われます。一方、幸せな家庭というものを想像してみると、家族みんながら笑顔でいるような、何となく温かいイメージが思い浮かぶのは私だけではないでしょう。

つまるところ、われわれが追い求める幸せの形は、多様なのか、それとも一様なのか。私は、どちらでもあると考えています。個別に細かく見ると、目指す幸せは人それぞれでバラバラですが、〝個体差〟を超えた人間全体の特性として捉えれば、誰もが共感・共有できる幸せの統合イメージ、〝幸せの全体像〟とも呼べるようなものが見えてくるのではないかと考え、実際、そのような研究を行なっています。

私がとくに強調したいのは、人によって思い描く幸せの姿は違っても、そこへ至るプロセスは共通するのではないか、幸せになるための単純な基本メカニズムが存在するのではないか、ということです。それこそが、幸福学が拠って立つ最も重要な考え方にほかなりません。

たとえば、これまでの幸福研究の知見によると、人には、他人との比較で幸せと感じる傾向があるのですが（くわしくは次節で述べます）、「他人との比較による幸せ」はけっして長続きしないことが分かっています。そうした脳の特性を知らないと、本当の幸せにたどりつく道筋を誤り、人生の時間を無駄遣いしかねないというわけです。

私が長年生きてきたものづくりの世界では、原理や特性、システムとしての全体構造を徹底的に知り尽くし、メカニズムを駆使しなければ、優れた製品は作れません。幸福学も同じです。システムとして研究し、理解すべきです。人間の脳が幸せと感じる共通の基本メカニズムを解き明かし、それを誰もが実践できる具体的な知恵の形で導き出してこそ、幸福学は人々の役に立てる。会社の経営や日々の仕事にも活用できる――。私にそう確信させたのは、やはり工学者としての視点でした。

くり返しますが、「幸せにはメカニズムがある」というのが私の立場です。人は、職場でも家庭でも、そのほかの場所でも、それぞれの良さを活かしながら、それぞれの人生の幸せを見つけていけばいい。誰もが、幸せの基本メカニズムを理解すれば、自分らしい幸せにたどりつけるポテンシャルを持っているのですから。

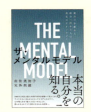

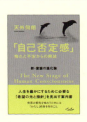

第2節　知っておくべき幸福学の基本

◆幸せの定義

もう一度質問します。幸せとは、そもそも何だと思いますか。

幸せの定義については、古代ギリシャ・ローマの時代から知られる2つの考え方があります。「ヘドニズム」(hedonism)と「ユーダイモニズム」(eudaimonism)。日本語では、それぞれ快楽主義、幸福主義と訳します。

前者はたとえば、おいしいものを食べて満ち足りた気分に浸ったり、仕事でボーナスが出てウキウキしたりするような、刹那的な快楽や喜びのくり返しを幸せだと感じる価値観です。後者は、自らの来し方を顧みて、「私が人生中で行なってきたことには意味があったなあ」としみじみ感じ入るような、人生全般にわたっての幸せを追求すべきという考え方を指します。

2つの概念を比べると、その違いのひとつは幸せを感じる〝タイムスパン〟の長短にあることがわかるでしょう。

人がおいしいものを食べて「ハッピー」と感じるとき、その要因は気分や感情といった短期スパンの心の動きであって、けっして長続きはしません。ちなみに、英語のhappyおよびhappinessは、幸せという意味とは別に、「うれしい」とか「楽しい」といった一時的な気分や感情、あるいは酒やドラッグで得られるような刹那的なハイの快感まで、広範な意味を含む一般用語です。したがって、心理学などの分野では前に述べたとおり、happinessではなくwell-beingが、「幸せ」に相当する学術用語として主に用いられているわけです。

一方、eudaimonismが追求する「意義ある人生としての幸せ」は、そうした短期的な心の動きにとらわれません。日々刻々、気分の浮き沈みや喜怒哀楽の感情の波はあるけれど、全体として「ここ10年は順調である」というような、ロングスパンにわたる心の状態を表します。いわば〝長続きする〟幸福感ですね。

近い概念として、「人生満足」というものもあります。これは、買った商品に満足するとか、いまの上司に不満を感じるといった、人生の一部分や一場面に対する心の動きではない。個別のさまざまな満足も不満も含め、人生が全体として満たされているかどうかを表すのです。この「全体として」というのがミソで、私が考える幸福学的な視点といえるでしょう。

◆幸せを測る

幸せを研究するにあたっては、このような人生の全体像としての、タイムスパンの長い幸せから、長続きしない短期スパンの「うれしい・楽しい」まで、各人の幸福感を客観的かつ統計的に見ていきますが、では、幸福感のような主観的な概念をどうやって客観的・統計的に捉えるのでしょうか。基本は、アンケート調査による幸せの計測です。

「あなたは幸せですか?」と直接質問し、〈とても幸せ/かなり幸せ/やや幸せ/どちらでもない/やや不幸せ/かなり不幸せ/とても不幸せ〉のように何段階かの選択肢で回答してもらう「幸福度」や、同じ要領で生活への満足について訊ねる「生活満足度」などを指標にして幸せを〝測る〟、すなわち定量化(数値化)するわけです。どちらの指標も、多くの人によるアンケート結果を統計処理して、平均値を求めたり、他の指標との相関を調べたりします。

しかし、ひとつの質問だけに答えてもらう「幸福度」や「生活満足度」の指標をもって、幸せの測り方とするのでは精度に欠けるし、国際比較も難しいのではないか――。そこを補うために開発されたのが、5つの質問に対する回答の合計から先述した「人生満足」の度合いを測ろうとする「人生満足尺度」で、幸福研究において広く使われています。考案したのは、イリノイ大学名誉教授のエド・ディーナー博士。「幸福学の父」ともいうべき人物です。
参考までに、「ディーナーの人生満足尺度」の5つの質問と回答方法を次ページに記しますので、みなさんもやってみてください。

5つの質問から成るアンケートは、ただ「幸せですか」と直截に問うよりも、回答者に自分の人生を深く振り返りながら答えさせるような内容になっています。その時々の気分や感情の影響を受けにくく、得られた点数はおおむね、その人の幸福度を示しているといっていいでしょう。

みなさんの合計点は何点でしたか。
私たちが2011年に、15歳から79歳までの日本人1500人を対象に行なったオンライン調査では、平均は18・9点でした。また、別の調査によると、アメリカの大学生の平均が23～26点だったのに対し、日本の大学生は18～22点という結果が出ています。

◆何が人を幸せにするのか――地位財と非地位財、フォーカシング・イリュージョン

自身の幸福度もさることながら、みなさんが幸せについて最も知りたいことのひとつは、要するに、幸せは何によってもたらされるのか、どういう要因と関係があるのか、

以下の質問に答えてみてください。
回答は、 以下の7つから選んでください。
質問の空欄に該当する数字を入れてみてください。

【回答】

1　全く当てはまらない
2　ほとんど当てはまらない
3　あまり当てはまらない
4　どちらともいえない
5　少し当てはまる
6　だいたい当てはまる
7　非常によく当てはまる

では 【質問】 です。

① ほとんどの面で、私の人生は理想に近い □

② 私の人生は、とても素晴らしい状態だ □

③ 私は自分の人生に満足している □

④ 私はこれまで、自分の人生に求める大切なものを得てきた □

⑤ もう一度人生をやり直せるとしても、ほとんど何も変えないだろう □

合計・・・ □

ということではないでしょうか。

思い出してください。幸せには、主観的な幸福感が長続きしない短期スパンの幸せと、長続きする長期スパンの幸せがありました。目指すべきはもちろん後者だと、私は考えていますが、では、長続きする幸せとはどういう幸せなのでしょうか。逆に、長続きしない幸せとは何によってもたらされるものなのでしょうか。

イギリスの心理学者ダニエル・ネトルが2005年に、著書の中で非常に興味深い視点を提示しました。本来は経済学の概念である「地位財（Positional goods）」／「非地位財（non-positional goods）」という視点です。じつは「地位財」は短期スパンの幸せを、「非地位財」は長期スパンの幸せをもたらすことが明らかになっているのです。

地位財・非地位財の「地位」とは、自分が他人と比べてどのようなポジションにいるかという意味での地位で、カネ、モノ、社会的地位など、それを他人より多く所有していることによって満足を得る財のことを「地位財」と呼びます。「周囲との比較でしか満足を得られないもの」と言い換えたほうが、ニュアンスが伝わりやすいかもしれません。

たしかに、給料が上がるとうれしいし、人よりもたくさん上がると余計にうれしいですよね。しかし、出世や増収といった地位財がもたらす喜びはそのとき限りで、思いのほか長続きしないから、虚しい。虚しいのに、いいえ、虚しいからこそすぐにもっともっと求めてしまうのでしょう。これでは、いくら働いて稼いでも、どれだけ転職してキャリアアップを図っても、人生の幸せというゴールには辿りつけません。人はついつい、幸せの持続性が低い地位財ばかり目指しがちなのです。

プリンストン大学名誉教授でノーベル経済学賞を受けたダニエル・カーネマン博士は、このような人間の愚かな特性をうまい言葉で言い当てました。

「フォーカシング・イリュージョン」——フォーカシングは焦点を当てること、イリュージョンは幻想ですから、間違った方向を目指してしまうという意味です。

カーネマンらの研究によると、「感情的幸福」は所得に比例して増加するものの、年収7万5000ドル(日本円にして約900万円)を超えると比例しなくなり、頭打ちになってしまうことがわかりました。「感情的幸福」とは、いま現在の感情から幸福度を測る指標。前に述べた幸せのタイムスパンでいうと最もスパンの短い、感情的なうれしい・楽しいを評価するものです。要するに、カネ・モノ・肩書きなどの地位財を目指して物質的にリッチになればなるほど、人生の一瞬一瞬がもっと楽しくなるかというと、じつはそうではない。まさに、フォーカシング・イリュージョンですね。

考えてみると、企業においても同じことが起こっているのではないでしょうか。企業は本来、社員を始め、あらゆるステークホルダーを幸せにするために存在するはずなのに、

■「長続きしない幸せ」と「長続きする幸せ」の違い

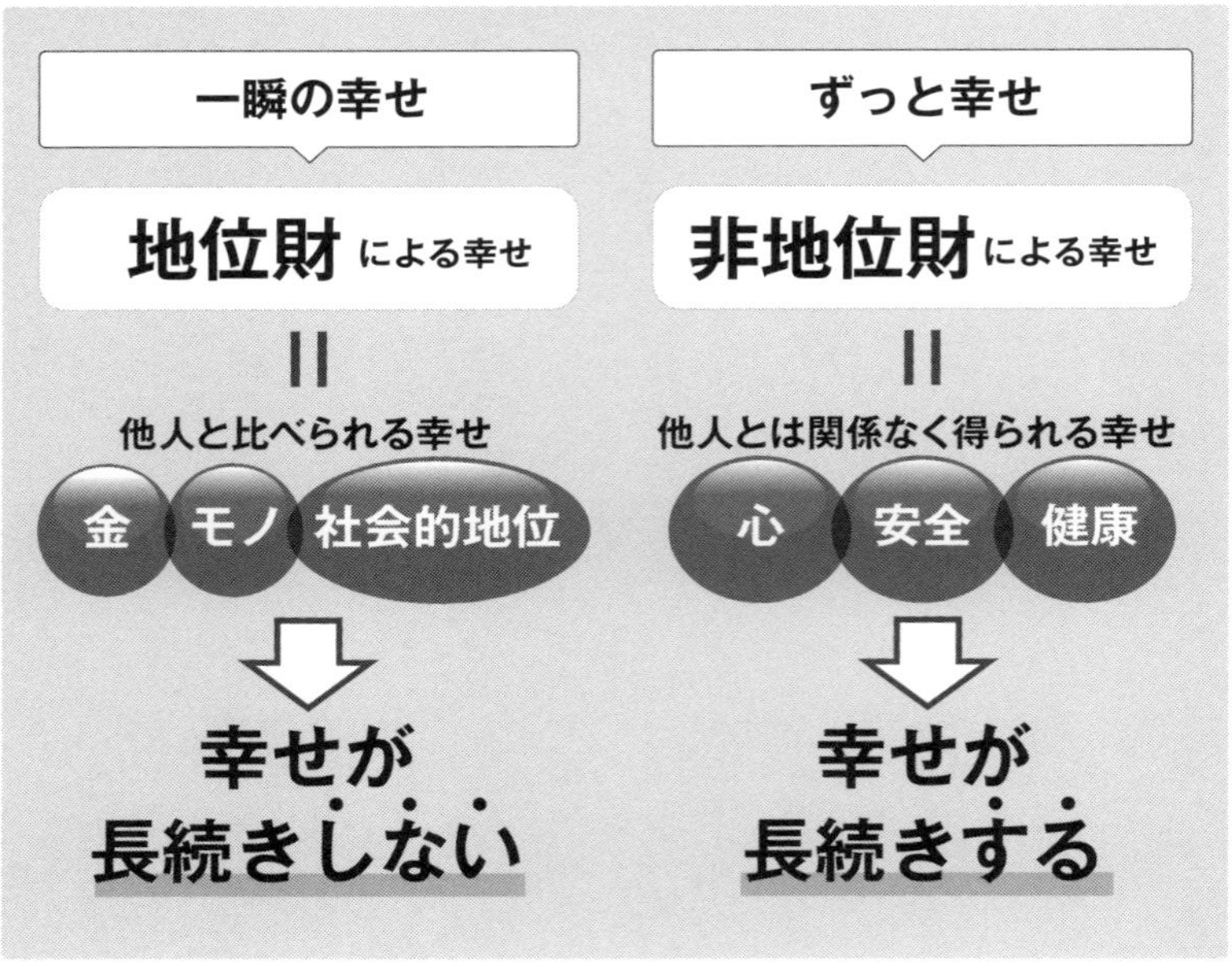

「儲からなければ幸せにしたくてもできない」と利益の確保を追求するあまり、どれだけ儲かっても、肝心の働く人々が満たされないという本末転倒に陥っているのではないでしょうか。

一方、他人や周囲との比較と関係なく喜びが得られるものを「非地位財」と呼びます。地位財と違い、それらを要因とする幸福感はより確かで、長続きする特徴があります。フォーカシング・イリュージョンになりにくいわけです。

長期スパンの幸せにつながる

要因としての非地位財をくわしく見ると、治安がいい、有害物質が少ない、紛争リスクが低いといった外的な環境要因や、健康状態などの身体的要因も含まれますが、その多くは自由や自主性、愛情、社会への帰属意識といった、形のない心的要因です。心の要因は、自分がそれを他人よりどれだけ多く持っているかという〝ポジション〟として、客観的に測ることができません。本来、そうした自他の比較とは関係なく喜びを得られるものですが、しかしそれゆえに幸せにつながっていると直観的に実感しにくく、目指しにくいのもたしかでしょう。

そもそも、幸せに関係する非地位財的な要因はたくさんあって、世界中の研究者がそれぞれ知見を発表しています。たとえば、親切な人ほど幸せだとか、自己肯定感の高い人や夢を持っている人は幸せだとか、いろいろあるのですが、それらを全部満たしていないと幸せになれないのかというと、どうもそうではなさそうです。では、結局のところ、何を満たせば幸せを得られるのか。フォーカシング・イリュージョンに陥らない、真の幸せは何によってもたらされるのか。

これを知りたくて行なったのが、幸せの因子分析です。過去のさまざまな幸福研究の成果から、私たちが目指すべき長期的な幸福感に資することが分かっている心的要因を集め、それらについて問うアンケートを作成、日本人約１５００人に実施しました。同じ非地位財でも、心的な要因のみをピックアップし、外的な環境要因や身体的要因は除外したのは、後者は自分でコントロールできないからです。そして、アンケート結果をコンピュータにかけ、因子分析という手法で解析してみました。すると驚くべきことに、人が幸せになるためのカギは、たった4つの因子に集約されたのです。

人生の幸せは「幸せの4つの因子」を満たすことによって得られる——。これが、幸せのメカニズムのポイントであることが明らかになりました。

幸せの4つの因子とは何か。次節で分析結果とその活かし方を見ていきます。

第３節　幸福になるメカニズム――幸せは４つの因子から

◆因子分析とは何か

「幸せの４つの因子」を紹介する前に、それをどうやって導き出したのか、「因子分析」という手法について、ごくごく簡単に説明しておきましょう。

因子分析とは、多変量解析（たくさんの量的データの間の関係の解析）の一種で、知りたい物事に関係する数多くのデータを解析し、そのデータが全体として意味するところを整理して表すための〝軸〟を、いくつか探し出すための方法です。物事を分類するのではなく、物事の要因をいくつか求め、それら複数の要因がそれぞれどれくらい影響しているのかを数値化することによって、物事の構造やしくみを明らかにする手法です。

たとえば、「色」で考えてみるとイメージしやすいかもしれません。

色というものは、世の中に数え切れないほどたくさんありますね。黄色っぽい青とか、赤っぽい茶色とか。あるいは同じ赤でも派手な明るい赤から沈んだ暗い赤まで、複合的で微妙な色調も含めると、無限に存在します。けれども、実際は三原色と呼ばれる「赤・青・黄」に「明度」という４つの直交する軸が決まれば、あらゆる色はこの４つの直交軸の上にプロットできる。さまざまな色が個別に存在するように見えますが、結局のところ、色というものの全体像はこの4つで表せるしくみになっているわけです。

因子分析はこうした構造を解き明かすのが得意で、何かしら調べたい対象について因子分析を行なうと、色なら「赤、青、黄と明るさ」の4つというように、その対象を構成するために必要な軸が、必要な数だけ求められるのです。それぞれの軸がそれぞれの因子にあたります。

これ以上の専門的な解説は置いておきましょう。ここでは因子分析のイメージだけつかんでいただければ充分です。とにかく、幸せという複雑な現象もこういうふうに表せるのではないか。〝幸せの三原色〟みたいなものが求められるのではないかという発想から、幸せの因子分析をやってみました。

◆やってみよう！ありがとう！なんとかなる！ありのままに！

幸せを因子分析するにあたっては、前節の最後で述べたとおり、まず、過去の研究結果から長期的な幸せに影響することが分かっている心的な特性を29項目ピックアップし、各項目に3つずつ、計87個の質問を設けたアンケートを作成しました。アンケートは、インターネットを通じて日本人1500人に実施。各質問について、全く当てはまらない／ほとんど当てはまらない／あまり当てはまらない／どちらともいえない／少し当てはまる／かなり当てはまる／非常によくあてはまる、の7段階で答えてもらいました。そうして集めた、幸せに関する大量のデータをコンピュータにかけ、専用の統計解析ソフトで因子分析を試みたのです。その結果、はたして4つの因子が求まりました。

ただし、コンピュータが求めてくれるのは4つの因子の〝存在〟だけ。「〇〇の因子」というふうに、それらの因子の性格が明瞭にわかるような名前をつけてアウトプットするわけではありません。そこで、どのアンケート項目がどの因子に関連深いかを表す「因子負荷量」という計算結果をもとに、解析者が、各因子とそれぞれ因子負荷量が大きかった質問とを見比べて、適切な名前を付けていくのが普通です。

私たちが因子分析で求め、名前をつけた幸せの因子を紹介しましょう。次の4つです。

第1因子　「やってみよう！」因子（自己実現と成長の因子）
第2因子　「ありがとう！」因子（つながりと感謝の因子）
第3因子　「なんとかなる！」因子（前向きと楽観の因子）
第4因子　「ありのままに！」因子（独立と自分らしさの因子）

第1因子は**「やってみよう！」因子**です。かっこ内の別名に「自己実現と成長の因子」とあるように、因子分析の結果、自己実現や成長などについて質問したアンケート項目との関連が深い（＝因子負荷量が大きい）因子であることがわかりました。それらの項目にはたとえば、自分の強みがあるか、強みを社会で活かしているか、いまの自分は本当になりたかった自分か、より良い自分になるべく努力してきたか、といったような質問が並んでいます。そこで私たちは、これを「やってみよう！」因子と名づけました。

どんな小さなことでもいい。やりがいのある仕事やわくわくできる趣味を持ち、目標に向かって努力・学習している人は幸せであり、それらを通じて成長の実感や自己実現などの達成感が得られれば、幸福度がさらに高まることは具体的な数値によって裏付けられています。

第2因子は**「ありがとう！」因子**と名づけました。つながりと感謝など、他者との心の通う関係に関するアンケート項目の因子負荷量が高かったことがネーミングの由来であることは、第1因子と同じ理屈です。後述の第3、第4因子も同様です。

自分が誰かを喜ばせたり、逆に愛情を受けたり、感謝や親切に触れたり、要は、人とのつながりによって、人は幸せを感じることができるのです。第1因子が、自己実現や成長など、自分に向かう幸せだったのに対し、第2因子は他者に向かう幸せだといってもいいでしょう。ただし、そのつながりが同質でなく、相手がより多様なほうが、幸福度が高いこともわかっています。多種多様な人脈があれば、いろいろな意見や情報が得られるし、困ったときにその問題のタイプに応じて、誰かしらから助言や支援を受けられる。結果、どんどん幸せになっていくというわけです。いつもの仲間や親友はもちろん大切ですが、同質の限られた人間関係にとどまっていると、マンネリに陥りかねません。幸福度をより高めたければ、新しい出会いも積極的に求めていくべきでしょう。

第3の因子は前向きと楽観の因子、名づけて**「なんとかなる！」因子**です。悲観的ではなく、つねに楽観的でいること。自己否定ではなく、自己受容を心がけることは、幸せでいるためになくてはなりません。何しろ、第1因子の自己実現や成長を目指すにも、第2因子の他者とのつながりを育むにも、楽観的で前向きでないとうまくいかないでしょう。逆に、楽観性や前向きさがあれば、他の因子が多少不足していても、「大丈夫、そのうち身につくさ」と気にならなくなりますからね。まさに「なんとかなる！」の因子です。

そして、第4因子は**「ありのままに！」因子**です。

思い出してください。長続きしない幸せによって、私たちをフォーカシング・イリュージョンに陥れるのは、人との比較でしか満足を得られない「地位財」への執着でしたね。

■4つの因子から見る、あなたの「幸せ度」の状態は？

幸せ度の状態	個人のあり方 やってみよう因子 夢、目標、強み、成長、自己肯定感	個人のあり方 なんとかなる因子 前向き、楽観的、自己受容	個人のあり方 ありのままに因子 独立、自分らしさ	関係性の質 ありがとう因子 感謝、利他
不幸な状態	やる気がない	なんともならない	人の目が気になる	つながりも感謝もない
まあまあ幸せな状態	やってみよう!	なんとかなる!	ありのままに!	ありがとう!
かなり幸せな状態	本当にやりたいことをやっている!	何でもなんとかなる!	本当に人の目を気にせずにぶれない!	あらゆるものごとへの感謝と貢献

たとえば、第1因子の自己実現と成長を心がけ、また第2因子のつながりと感謝を大切にしているつもりでも、人はつい「あの人より出世したい」とか「みんなにいい人と思われたい」というような誤った方向を目指しがち。それは、名誉や名声という地位財を欲しているにすぎません。他人や周囲を過度に気にせず、独立と自分らしさの因子をしっかりと保持していれば、地位財に手が伸びそうになるのを抑えられます。ありのままの自分を受け容れることが、結果的に確たる幸せを呼び込むカギになるというわけです。

こうして幸せの4つの因子が求まると、第3因子は第1、第2因子を補い、第4因子は第1、第2因子を制御することで全体として幸せを形づくっている――。そうした因子間の関係性も想像できます。面白いですね。

◆大切なのはバランスと全体

幸せの要因は、個別に見るとたくさんあり、これまでにも数多くの研究者がさまざまな研究結果を発表してきました。それがどうでしょう。因子分析によってまとめてみると、要するに、幸せの鍵と呼べるのはこの4つだという結果に至ったのです。すべての色が、赤・青・黄の三原色＋明るさの4つの直交軸で決まるのと同じように。

くり返しますが、因子分析というのは、コンピュータによる数値解析の一種で、複雑にからみあった現象をシンプルな構造にモデリングするためのツールです。幸せに寄与する心的な因子はおそらくこの4つだろうと、単なる思いつきや当て推量で指摘しているわけではありません。過去の研究結果から、幸せに関連する項目を徹底的に洗い出し、それをアンケートにして1500人に答えてもらった結果を、コンピュータの多変量解析にかけて求めた4つの因子――このプロセスこそが、従来の幸福研究、とくにポジティブ心理学と呼ばれる学問分野の手法とは決定的に異なる点です。

ポジティブ心理学では、幸せに関する心理学を熟知した心理学者が幸せの要因を導き、それをもとに幸せになるためのコツを説くのがふつうですが、幸せの要因を導く際には、熟練したエキスパートの知識と直感に基づかざるをえません。一方、私たちの研究では、個人の暗黙知に頼るのではなく、対象の全体を数学的にモデル化する手法を用いるので、客観性を担保しながら、幸せに関する人々の思考の構造を明確に可視化できます。

さらに、研究成果という意味で特筆すべきは、その手法によって、幸せに寄与する心的因子をわずか4つに集約できたことでしょう。この4つを覚え、この4つを満たすように心がければ、誰でも幸せになれるはずですからね。幸せのメカニズムの基本モデルとして、すぐれてシンプルであり、それゆえに使いやすい。具体的に実践しやすいのです。

とはいえ、「4つを満たす」というだけでは、実践する上で少し曖昧に感じられるかもしれません。4つを満たすとは、第1因子から第4因子まですべて満たして初めて幸せになれるということなのか。それとも、どれかが不足していても、他の因子をよく満たせば幸せでいられるということなのか。それについても検討してみました。

因子分析のためのアンケートを実施する際、前述の人生満足尺度などを使い、回答者の幸福度も併せて測定しておいたのです。その結果をクラスター分析という手法で分析したところ、4つの因子の高さと幸せのレベルとの組み合わせにより、アンケート回答者1500人がI～Vまで5つのクラスター（グループ）に分かれました。

クラスターⅠは、幸福度が最も高く、幸せの4つの因子がどれも高いグループ。全体の2割が該当します。クラスターⅡは、2番目に幸福度が高いグループで、第1因子（自己実現と成長）と第2因子（つながりと感謝）は強いものの、第3因子（前向きと楽観）と第4因子（独立とマイペース）が弱い。全体の2割弱を占めています。クラスターⅢは、幸福度は中程度で、4つの因子もどれもが平均前後というグループ。じつは、全体の半数近くがこれでした。クラスターⅣは、クラスターⅡとは逆に第3、第4因子は高い半面、第1と第2因子が足りていない、やや不幸なグループです。全体の1割弱にあたります。最後のクラスターⅤは全体の1割強。残念ながら幸福度が最も低く、4つの因子のどれも乏しいグループです。

要するに、4つの因子をすべて満たしている人は幸福度が高く、どれかが欠けていると幸福度は下がり、一番不幸な人はどの因子も満たされていない。私たちの研究では、こういう結果が得られました。

「やってみよう！」（自己実現と成長）「ありがとう！」（つながりと感謝）「なんとかなる！」（前向きと楽観）「ありのままに！」（独立と自分らしさ）――この幸せの4つの因子すべてを完璧に満たすことは簡単ではありませんが、4つともある程度バランスよく育てていったほうが、全体として幸福度が高まりやすいのは間違いないでしょう。というのも、幸せの４つの因子はじつは互いに深く関わり合っているからです。

たとえば、第４因子の「ありのままに！」因子の低い人は、つい自分と他人を比べてうらやましがったり、妬んだりしがちですが、それはたいてい自分をダメだと卑下し、自信を持てずにいるから。そういう人が、ただ闇雲に「自分らしくしよう！」と意気込んでも、現実はなかなか変わりません。小さなことでもいいから自分が得意なことやワクワクする目標を見つけて、成長を実感したり（自己実現と成長の因子）、交友関係を広げて、他者から助言や支援を得たり（つながりと感謝の因子）、あるいは楽観的な考え方を学んだり（前向きと楽観の因子）、他の因子を併せて伸ばしていくことで、まず自分自身に自信を持ったほうがいい。遠回りに見えて、それが間接的に弱い因子を育むことにもつながり、ひいては幸せへの近道となるのです。

大切なのは全体性とバランス。幸せの４つの因子を活かすコツといっていいでしょう。


本節では、人はどうすれば幸せになれるのか——幸せのメカニズムと、その核心である幸せの４つの因子を中心に、私の提唱する「幸福学」の基礎編をざっと述べてきました。次節ではいよいよ、本書全体のテーマである幸福と経営の関係に話を進めていきます。幸せな社員は、会社に何をもたらすのでしょうか。

働く人の幸せのために、会社は何ができるのでしょうか。

後でくわしく述べますが、アメリカでの研究によると、幸福度の高い社員ほど創造性が高い、欠勤率が低い、離職率が低い、仕事の効率がいい、同僚のサポートを惜しまない、といった傾向がすでに明らかになっています。つまり、幸せな人は仕事ができる。企業側からすれば、大きな戦力になるというわけですね。

もともと仕事ができる社員だから給料もよく、幸せになれるのだろうと、原因と結果をカン違いする人がいますが、因果関係の方向性は一方通行ではありません。原因と結果はたえず循環しているのです。幸せが原因となって個人の生産性や創造性が高まり、結果、会社の業績が上がり、給料も上がる。そうしたサイクルがあることも、徐々に解明されてきています。

第４節　社員を幸福にする「ホワイト企業」の秘密とは

◆働く人の幸せこそ企業や社会の成長の源泉

会社は社員の幸せのために在る。会社が第一に目指すべきは社員の幸せであり、関わるすべての人の幸せである。冒頭で明言したとおり、それが私の考えです。

しかし、第2節の「何が人を幸せにするのか」の項で述べたように、現代の日本企業の多くは目先の利益ばかりを追い、フォーカシング・イリュージョンに陥っているようにも見えます。もちろん、利益が重要でないなどと主張するつもりは毛頭ありません。健全な経営を持続するために、一定以上の利益は当然必要でしょう。会社の業績が伸びて待遇がよくなれば、社員もそのときは嬉しいし、誇らしい。でも、そうした地位財から得られるハッピーな感情や気分は、結局、長続きしないのです。「会社が儲からなければ、社員を幸せにすることもできない」と、利益追求を最優先するだけでは、働く人々の心は満たされません。本当の人生の幸せにもたどりつけません――。これがフォーカシング・イリュージョンでなくて、何でしょう。

「会社が儲からなければ、社員を幸せにすることもできない」という場合、論理上の因果関係としては、利益の追求による業績向上が「原因」で、社員の幸せの実現はその「結果」ということになります。〝逆〟の因果関係は、本当にありえないのでしょうか。

つまり、働く人の幸福自体が企業や社会の成長の源泉であり、社員が幸せになるほど、それが原因となって結果、会社の業績も伸び、組織全体が強くなっていくというような。苛酷なビジネス環境においては、そうした発想は所詮、現実離れした夢物語でしょうか。〝うますぎる話〟なのでしょうか。

いいえ。そんなうまい話が、じつは、あるのです。

幸せな社員は、会社に何をもたらすのか。働く人の幸せに関するさまざまな先行研究によると、以下のような興味深い傾向がすでに明らかになっています。主要な研究結果を、前節で紹介した「幸せの4つの因子」と関連付ける形でまとめてみました。

〈第1因子　「やってみよう！」因子（自己実現と成長）〉

●社員の幸せ度は、仕事の満足度よりも、仕事の成果に関係する傾向がある。[※1]

●幸せでリラックスしている人は、クリエイティビティのテストのスコアが高い傾向がある。[※2]

※1（Cropanzano and Wright, 1999）（Wright and Staw, 1999）　※2（Cacha, 1976）（Schuldberg, 1990）

●幸せな人々は、上司から高い評価を受ける傾向がある。[※3]
●幸せなリーダーがいるサービス部門は顧客からより高い評価を得る傾向がある。[※4]

〈第2因子「ありがとう!」因子（つながりと感謝）〉
●幸せな人は、信頼できる友人や同僚の数が多い傾向がある。[※5]
●上司による仕事のパフォーマンス評価は、仕事への満足度とは相関しないが、幸せとは相関する。[※6]
●ポジティブな感情が強い傾向を持つ社員は、上司から好意的な評価を受ける傾向がある。[※7]
●販売部門の人々の感情のポジティブなトーンが高いほど顧客満足度は高い傾向がある。[※8]
●仕事を行なう際にポジティブな感情を示す人は、親切で、同僚を助けるなど、仕事上すべきこと以上の行動をする傾向がある。[※9]

〈第3因子「なんとかなる!」因子（前向きと楽観）〉
●ポジティブな感情が強い傾向を持つ社員は、仕事の自律性、仕事の意味、仕事の多様性が重要とされるような仕事を任される傾向がある。[※10]

●ポジティブ感情を示す社員は、他の社員を助け、組織を守り、生産的な提案をし、組織内で自分の能力を向上させる傾向がある。※11

●ポジティブなムードで仕事をしている人は、離職率が低く、会社への報復的行動をしにくく、組織市民としての行動を行ない、仕事で燃え尽きにくい傾向がある。※12

●ポジティブな感情の多い社員は欠勤しにくい。※13

●穏やかでポジティブな感情の多い社員は、他の社員とのコンフリクトが少なく、仕事を辞めにくい傾向がある。※14

●楽観的なＣＥＯは、パフォーマンスが高く、経営する会社への投資のリターンも高い傾向がある。※15

〈第４因子「ありのままに！」因子（独立と自分らしさ）〉

●働く社会人の研究によると、幸福感は、本質的に価値のある経験、すなわち、個人が自分自身として行ないたいことと関係している。※16

※3（Cropanzano and Wright, 1999）（Wright and Staw, 1999） ※4（George, 1995） ※5（Baldassare, Rosenfield and Rook, 1984）（Lee and Ishii-Kuntz, 1987）（Mishra, 1992）（Phillips, 1967）（Requena, 1995）※6（Wright and Cropanzano, 2000） ※7（Staw, Sutton and Pelled, 1994） ※8（(George, 1995） ※9（Donovan, 2000）（George and Brief, 1992）（Organ, 1988） ※10（Staw, Sutton and Pelled, 1994） ※11（Donovan, 2000） ※12（Donovan, 2000）（Crede, Chernyshenko, Stark and Dalal, 2005） ※13（George, 1989） ※14（Van Katwyk, Fox, Spector and Kelloway, 2000） ※15（Pritzker, 2002） ※16（Graef, Csikszentmihalyi, and Gianinno, 1983）

●幸せな社員は、意思決定の際に、時間や努力のコストを度外視してまでアウトカムを最大化しようとするのではなく、最適で満足度の高い意思決定をする傾向がある。※17

いずれも海外でのデータではありますが、以上の研究結果から、幸せな社員には会社や組織の成長に資する有益な特徴、強みがたくさんあることが分かります。かいつまむと、**「幸福度の高い社員ほど、創造性が高く、仕事の効率も高く、求められた以上の働きやソーシャルサポート（困っている同僚などへの手助けや食事に誘うなど物質的・心理的支援）を惜しまない。欠勤率や離職率は低く、上司や顧客から高い評価を受ける傾向がある」**などです。

素晴らしいと思いませんか。たとえば、クリエイティビティについては、「幸せな人はそうでない人に比べて創造性が3倍高い」という具体的な数値も出ています。それはすなわち、会社が社員の幸福度を高めれば、社内に豊かな発想の土壌が育まれる原因となり、結果としてビジネス面の飛躍につながるようなイノベーションも3倍起こりやすくなる、ということにほかなりません。利益の確保よりも、社員の幸せを第一に追求する経営思想——いわば「幸せの経営」が、企業自体にも〝幸せ〟をもたらすことの確たるエビデンスといっていいでしょう。

◆ESは時代遅れ!? 業績は社員幸福度に比例する

業種・業態を問わず、企業の業績がCS（顧客満足度）と相関することは明らかです。そしてこれまでは、業績に直結するCSを向上させ、より高い水準で維持するためには、ES（従業員満足度）の改善が必須といわれてきました。ESを高めていけば、社員のパフォーマンスが良くなり、それがCSを向上させ、結果として業績を押し上げるという理屈ですね。現在、多くの企業がESを重視し、仕事に対する満足度の改善や福利厚生・労働環境の充実などの取り組みに力を入れているのもそのためです。

しかし、そうした企業にとってはショッキングなデータですが、前述のCropanzanoらの研究によると、どうも違うらしいのです。ESはパフォーマンスにあまり影響しない。したがって、社員の仕事や職場環境に対する満足の改善を図っても、業績の向上に資するとはかぎらないというのです。では、逆にESなど気にかけず、むしろ社員に多大な負担を強いてでも高いパフォーマンスを引き出し、CS向上に徹したほうが業績につながるのかというと、それも違います。社員のパフォーマンスは、従業員満足度との相関が高くない一方、「社員幸福度」との相関は高い、という結果が出ているのです。

働く人の「満足度」と「幸福度」がどう違うのかといえば、指標としての範疇が異な

※17（B.Schwartz et al., 2002）

ります。従業員満足度というと、その範疇はあくまでも会社の中の、しかもある特定の部分を指します。仕事や労働環境への満足、人事評価に対する満足、福利厚生への満足といった、企業の社員としての何らかの満足に限られます。つまり、満足度は、人の人生における部分的な充足を測る指標なのです。それに対して幸福度は、企業の社員としての部分的な満足だけでなく、人間関係や家庭環境、余暇の過ごし方などを含めた、個人としての人生全般にわたる充足を測る指標。範疇ははるかに広く、全体的です。仕事面全般はもちろんのこと、生活も、プライベートもすべてひっくるめて幸せを感じられる人ほど、仕事のパフォーマンスは高まりやすい。要するに、「人として幸せな社員こそ企業の戦力になる」という新たな知見が出てきたわけです。

たしかに、私生活で大きな悩みや問題を抱えて苦しんでいる人に、仕事で成果を上げろといっても、土台、無理な話でしょう。そんな人が目の前の作業に無心で打ち込んだり、働きがいを感じたりして、すぐれたパフォーマンスを発揮できるとはとても思えません。つまり、本当の意味で仕事から充足感を得て、イキイキと働くためには、仕事以外からも充足感を得ていなければいけない、ということなのです。

「そんなことはない。私はプライベートを犠牲にして成果を出してきた」

「仕事とプライベートは別。私生活に問題があっても、仕事には引きずらない」

といった反論があるかもしれませんね。しかし、そういう人は自分の意思で仕事に打ち込んでいるように見えて、実際はそうでないことがよくあります。「仕事とプライベートは別」というと聞こえはいいのですが、仕事以外での問題に追われて、仕事に〝逃避〟しているだけの場合があります。仕事以外の問題と向き合いたくないから、プライベートを〝犠牲にする〟＝顧みようとしない状態に陥りがちなのです。仕事に対して、「よし、やるぞ」とポジティブにかつ主体的に没頭するわけではなく、むしろ無意識のうちに「やっていないと不安…」という一種の強迫観念にかられているため、仕事そのものに幸せも働きがいも感じられない。〝ワーカホリック〟（仕事中毒）に近い状態といっていいでしょう。

いま、そうした〝不幸せな〟働き手を生み出しているのは、いわゆる「ブラック企業」だけではありません。むしろ日本企業の大半を占める、ブラックでもホワイトでもない、ふつうの会社に多く見られることに、私は問題の根深さを感じています。

ただ、企業側が社員の幸福度を高めようと思っても、それを阻む問題が個人の人生やプライベートにある場合、昨今の風潮では、そこへ会社として踏み込みにくくなっているのもたしかです。考えてみれば、かつての日本型経営では、社内運動会に社員の家族もかりだされるなど、〝公私混同〟が当たり前でした。まさしく家族主義的経営ですよね。

近頃ではワークライフバランスの名のもとに、ワークとライフが切り分けられてしまい、会社は社員の仕事に関する満足にしかアクセスできなくなりましたが、本来はそうじゃない。社員の幸福度を高めるためには、その家族や私生活の部分まで含めて幸せにしたほうがいいのです。実際、社員の奥さんの誕生日までちゃんと把握していて、お祝いの花やカードを欠かさず贈ったりするような経営者の方も、少なからずいらっしゃいます。働く人の〝ライフ〟の部分にまで目を配り、充実させようとする取り組みのひとつといえるでしょう。

◆やりがいという〝幸せの青い鳥〟を探して

あらためて考えてみましょう。幸せな社員を増やすために、企業は何をすべきか——。働く人一人ひとりの、個人としての人生や生活全体にアクセスするのが難しいとはいえ、それでも経営者や人事担当者の手の届く範囲内で、会社側から働きかけられることはけっして少なくありません。

要するに、各社員が「幸せの4つの因子」を高められるようにすればいいわけです。

第1因子は、自己実現と成長に関連する「やってみよう！」因子でした。どんな仕事や役割でも、ただやらされるのではなく、そこに何かしらのやりがいを見つけて、ワクワクしながら取り組むようにすれば、この因子がレベルアップし、幸福度が高まることがわかっています。ただ、自分がそもそもどういうことにワクワクし、やりがいを感じるかを、人は意外なほど自覚していません。そこで、対話を通じて、相手のやりがいの〝根源〟を探り、本人自ら発見してもらうという手法を紹介しましょう。私たちが開発した「アソビジョン・クエスト」（遊びによるビジョンの探求）という手法です。以下の質問はあくまで一例ですが、好きなことに関する問いかけをいくつか重ねて、相手から答えを引き出していきます。

Q1　小さい頃に好きな遊びは何でしたか？
Q2　学生時代は何に夢中でしたか？
Q3　では、会社でのいまの仕事のおもしろさは何ですか？
Q4　では、それらの共通点を探してみましょう

それぞれの質問には、じっくりと時間をかけます。なぜなら、過去のことや、深層心理のことは、すぐには出てこないからです。じっくりと考えてもらううちに、たとえばそれぞれ以下のような答えが出てきます。

Ａ１　小さい頃は何をして遊ぶかを決めるガキ大将でした。
Ａ２　学生時代は部活の部長を務めていました。
Ａ３　いまはコンサルです。
Ａ４　共通点として、リーダーシップを発揮してみんなをまとめるのが好きなようです。

また別の人の場合。

Ａ１　小さいころは、ひとりで本を読むのが好きでした。
Ａ２　学生時代はこつこつと勉強ばかりしていました。
Ａ３　今は大学教員をしています。
Ａ４　共通点は、なにかをこつこつと成し遂げることですね。

こんな感じです。対話のねらいは、自分がもともと好きなことと現在まかされている仕事とのつながりを、抽象度の高いレベルで再発見すること。私は社員の幸福度を高める研修なども行なっていますが、ワークショップを開いてこの手法を試すと、おもしろいことに、「いままで『やらされている』と思っていたけれど、案外やりたい仕事をやってきたのかも」というふうに思い至る人がたくさん出てくるのです。

探してもなかなか見つからないやりがいは、あの「幸せの青い鳥」と同様、じつはいま自分がいる場所に眠っていることが多いのです。曲がりなりにも自分で選択してきた結果として、現在の自分があるわけですからね。忘れているだけで、皆それぞれに自分のやりたいことを、そうと意識せずにやっている可能性は小さくないと、私は見ています。そのままの形ではないにせよ、抽象度の高いレベルで振り返ってみると、いまも昔もコツコツ積み上げることが得意だとか、人のために何かをすることが楽しいとか――やりがいの根元を見つけることができます。自分のやりがいの根源に気づくだけでも、ちょっとワクワクしてきませんか。

対話という意味では、職場の同僚とお互いの強みを指摘しあったり、キャリアプランを語り合ったりする機会を設けるのもいいでしょう。「それ、いいね」と相互に評価しあうだけで自信につながり、同時に職場の人間関係そのものが深まるので、第1因子の「自己実現と成長」だけでなく、第2因子の「つながりと感謝」も相当上がります。その結果、お互いに信頼し、尊重し合える環境が醸成されれば、より楽観的になれるし、他人の目や失敗のリスクを過度に気にすることなく、物事に前向きにチャレンジできるようにもなるでしょう。第3因子の「楽観と前向き」や第4因子の「独立と自分らしさ」まで必然的にレベルアップし、幸福度が高まっていくわけです。

先述したとおり、この4つの因子はそれぞれに深くかかわりあう幸せのカギですから、社員の幸福度を高めるためには、4因子のバランスが重要になってきます。逆に、このバランスが崩れている職場や組織では働く人の幸福度が低く、ひどい場合は疲弊しきって健康を害したり、離職に追い込まれたりしかねません。いわゆる「ブラック企業」です。

組織ぐるみの意図的なコンプライアンス違反や各種ハラスメントがはびこり、評判も、業績も芳しくない——といった、いかにも〝ブラック〟な会社は論外ですが、むしろ一見華やかなイメージで活気にあふれ、業績も急成長中の企業に、じつは4因子のバランスの欠如がしばしば見受けられます。そうした企業の経営トップに多いのは、第1因子（自己実現と成長）と第4因子（独立と自分らしさ）への欲求が強いタイプ。独特のカリスマで強引に事業を引っ張り、実際、短期的には結果も出すので、その下で働く人はどうしても感化されやすいのでしょう。無意識のうちに自己実現と成長を〝強要〟され、ギリギリのプレッシャーの中で自らがんばりすぎて、スポイルされてしまうのです。

そこには、往々にして、働く人を想う「愛」が足りません。「いつもがんばってくれてありがとう」という感謝が足りません。たとえ相応の金銭的な報酬があったとしても、地位財では心が満たされず、幸せになれないことは再三指摘したとおりです。会社が、愛をもって報いることなく、社員のやりがいを〝搾取〟している状態といっても過言ではないでしょう。幸せの4因子でいうと、第2因子の「つながりと感謝」が経営の視点から著しく欠落し、バランスが崩れているのです。

一方、働く人の幸せと働きがいを追求する「ホワイト企業」は、逆に「愛」にあふれています。社員を不幸にしてしまう「ブラック企業」との差は、この第2因子のレベルにもっとも顕著に表れているといえるかもしれません。

◆いきいき、のびのび、すくすく――ホワイト企業の3つの因子

私も企画委員に名を連ねている「ホワイト企業大賞」では、審査の過程で、エントリー企業の社員を対象に、全40問からなるアンケート調査を実施しています。その結果を参考にしながら、各賞の審査を行なっているのです。

私たちが顕彰するホワイト企業、すなわち〝いい会社〟とは、そもそもどういう構造になっているのだろう? その経営には、どのような原理や特性が働いているのだろう?

多くのホワイト企業に共通するメカニズムがあるとすれば、それを明らかにすることは、「幸せの経営」の実践に大きく資するに違いありません。社員一人ひとりの幸福度とは別に、会社や組織全体の幸福度を測り、明確化するための有効な指標にもなるはず

です。そこで、幸せの構造を調べたのと同じ手法を用い、ホワイト企業大賞のアンケート結果をコンピュータで解析してみました。そう、私の得意技の因子分析です。

結論からいうと、きれいに3つの因子が出てきました。先述の「幸せの4つの因子」と同様、それぞれに「いきいき」因子、「のびのび」因子、「すくすく」因子と名前が付けられています。各因子に対して関連の深い（=因子負荷量が大きい）、おもなアンケート項目は表1のとおり。この「ホワイト企業の3つの因子」は、幸せの4つの因子を異なる角度から見たものになっているといえるでしょう。

ひとつ目の「いきいき」因子は、いまの仕事やその会社で働くこと自体に喜びや楽しさを感じているという、直接的な働きがいに関連する因子です。「のびのび」因子は、互いを尊重し合う自由かつ達な社風の中でのびのびと仕事ができているか。そして「すくすく」因子は、自分の成長をどれだけ実感できているかを表す因子です。

会社や組織全体の幸福度を高めるためには、これらの因子を踏まえた取り組みが有効になると考えられます。さまざまな具体例の紹介は、次章の「ホワイト企業大賞受賞企業の物語」に譲るとして、ここでは基本的なポイントを挙げておきましょう。

ひとつは「権限の委譲」です。サラリーマン社会では、往々にして「いきいき」も「のびのび」「すくすく」も、組織の古い論理に封じ込められがち。私も経験があるの

【表1】

「いきいき」因子

・私は、この会社で働くことを通して喜びを感じている
・私は、いまの仕事に誇りを持っている
・私は、休日明けに出勤するのが楽しみだ
・私は、仕事を通じて、毎日が充実している

「のびのび」因子

・私は、会社から大切にされている実感がある
・私は、自分の努力や資質が認められていると感じている
・私は、職場において、自由に発言できる
・私は、一緒に働いている人たちに対して感謝している

「すくすく」因子

・私の仕事は、能力を発揮でき、チャレンジしがいがある
・私の職場は、スキルや能力を伸ばす機会や風土がある
・私は、仕事を通じて、自分が目指す姿に近づいている
・私は、仕事を通じて、人として成長している

で、よくわかります。そこで、ある企業ではひとつの方法として、上司への「ホウレンソウ（報告・連絡・相談）の禁止」というルールを設けました。ホウレンソウを廃することで、組織の上から下へ権限委譲を促し、全員がとにかく何らかの責任を持つようにするのです。そうすれば、社員はやりがいを感じて自発的に仕事を進めるようになるので、「いきいき」「のびのび」と働くことができ、その結果、「すくすく」と成長もします。

ただし、任せっぱなしではいけません。権限を委譲した上で、ふたつ目に密な「コミュニケーション」も不可欠です。それがないと、各人が孤立し、任された権限がかえって重いプレッシャーになってしまいますからね。先に、ホワイト企業とブラック企業の差として指摘した「幸せの第2因子」のような、愛や信頼、感謝のある濃い人間関係を職場に構築できれば、誰もが「のびのび」と働けるでしょう。

さらに3つ目のポイントとして、権限の委譲とともに任せる仕事の難易度も重要です。近年のフロー（没入感）の研究では、人はその時点における能力の限界ギリギリで仕事をしたとき、達成感や自信を得ながら没入し、成長もできるという結果が出ています。仕事はその人の能力に比べて、簡単すぎるとおもしろくないし、難しすぎてもストレスでしかありません。多少の不安やリスクは伴うけれど、ちょっと背伸びすれば何とか届く――脳科学や心理学でいう「ストレッチゾーン」に相当するような、ちょうどいい難易度の仕事を任せることで、社員の「すくすく」因子は満たされるのです。一人ひとりの能力レベルに見合った、適切な権限委譲を進めるためにも、ふたつ目のポイントである密なコミュニケーションがやはり重要になってきます。その微妙な〝さじ加減〟は、ふだんから、心からの愛をもって部下に接しているリーダーや上司にしかわかりません。

◆ホワイト企業はブラック企業よりも儲かるのか

「とはいえ、日々の経営判断において、そこまで社員の幸せや働きがいを優先するのは難しい。第一、『幸せの経営』で本当に結果が出るのか？　ホワイト企業はブラック企業よりも、あるいはふつうの企業よりも儲かるのか？」

幸福学についてここまで読み進めてもなお、疑う人は少なくないでしょう。

たしかに、ブラック企業とまでいかなくても、社員をとことん厳しく追い込むことで、顧客が期待する以上の成果を上げるという方法もあります。しかし、それでは短期的に儲かっても、けっして長続きはしない。社員は疲弊するばかりですから。時代の変化に適応するアイデアやイノベーションの源泉となる創造性もすぐに枯れてしまうでしょう。長い目で見れば、「幸せの経営」に徹するホワイト企業のほうが、より持続的で安定的な成長を見込めることに疑いの余地はありません。まだ研究は緒に就いたばかりで、それを実証するだけのデータの蓄積はないものの、10年、20年も経てば、優勝劣敗は自ずと明らかになると、私は確信しています。

ホワイトだったかどうかは別として、私がエンジニア時代に長年勤めた企業は、楽観的というか、とにかく明るい職場でした。苦しいときでも、いいえ、苦しいときほど、ばかばかしいことを仲間と言い合ったりしたものです。当時、私が勤めていた職場には勤務時間の8割でまじめに仕事をしたら、残りの2割はどんな研究に充てても構わない「20%ルール」という制度がありました。その2割の時間で、私が何をやったと思いますか？超能力の研究です。せっかくだから、一番ヘンなことをやろうとして、それが許されたのですね。そういう自由な雰囲気や組織としての明るさ、懐の深さがなかったら、四六時中ピリピリして笑いなんてとんでもないという抑圧的な職場だったら、さまざまな新技術やイノベーションは生まれなかったかもしれません。イソップ寓話の『北風と太陽』の教訓ではありませんが、人は楽しく、明るく、幸せになれば、自ら動いて力を発揮するのです。

かつては、企業が社員を不幸にすることで競争に勝てる時代がありました。しかし、それはもう限界です。逆に、これからは、働く人を幸せにできる企業しか生き残れない。論より証拠――次章に描かれているホワイト企業の先進的な取り組みや改革のエピソードを読めば、時代の変化をはっきりと実感できるでしょう。

ソーシャルネットワーク研究の権威であるエール大学のニコラス・クリスタキス教授の研究によると、「幸せは伝染する」ことがわかっています。社員が幸せになれば、会社全体が幸せになり、社員や会社が幸せになれば、その幸せはきっと顧客にも伝わるはずです。そして、顧客から伝わった幸せは社会全体へと波及していくことでしょう。幸せで平和な世界です。素晴らしいと思いませんか。本章を閉じるにあたり、最後にもう一度、冒頭の質問を思い出してみてください。

企業経営で一番大切なことは何でしょう？

儲けることですか？　それとも、働く人の幸せですか？

2章

働く人の幸せを追求する
ホワイト企業大賞受賞企業の物語

「社員の幸せを大切にしながら、会社の業績も伸ばす」。
一見、夢物語に感じられるようなこの命題を叶えている企業が実際にある。
ホワイト企業大賞の受賞企業の中から、
4つの企業の取り組みと考え方を紹介する。

社員の幸せを追求した大家族主義的経営で「人生最後の日まで出社したい」と思われる会社に

西精工株式会社（徳島県徳島市）

◆〝月ワク〟度90%――なくてはならない会社であるために

「産業の塩」――目立たないけれどあらゆるものづくりに欠かせないことから、そう呼ばれる製品がある。身の回りの半径1m以内に必ず1個は存在するという小ネジやボルト、ナットなど、いわゆる「ねじ製品」のことだ。

たとえば、小型自動車1台に使われるねじは約3000個。航空機のジャンボジェットになると1機あたり約3000万個が必要だという。ものづくり中心の日本の高度経済成長を下支えしたのも、まぎれもなく、〝産業の塩〟ねじだった。

現在、わが国のねじ産業は、年間1兆円規模の市場と世界最高水準の技術力を有するにいたったが、いや増す事業環境の厳しさはこの業界も例外ではない。グローバル競争の激化や顧客ニーズの高度化・複雑化が進み、同レベルの品質であれば、国の内外を問わず、1銭でも安いほうが選ばれる。産業としてのねじはなくてはならないが、個々の製品に「これでなくてはならない」といわれるほどの価値を付加できる事業者は数少ない。

その希少な事例のひとつを四国に訪ねた。ナットを中心に、高品質・高精度・極小の製品である〝ファインパーツ〟の製造、販売を手がける「西精工株式会社」。第3回ホワイト企業大賞に輝く、優れた中小企業である。

本拠地は徳島県徳島市。地元に根を下ろしながら、冷間鍛造や微細加工の技術を磨き、日本中の大手自動車・家電・機械メーカーと対等に取り引きしている。とりわけ国産車では、同社製品が使われていない車はほとんどない。西精工が強みとするファインパーツとは、そのような「お客様にとってなくてはならない、価値の高い製品」をいうのだ。あらゆる形状・材質・用途に対応し、ベストなものづくりを追求する姿勢が、同社を不毛な値下げ競争から遠ざけ、着実な成長へと導いてきた。「『できないと思っていたけれど、西精工に相談したら実現してくれた』という評価をたくさんいただいています」と、代表取締役社長の西泰宏さんは胸を張る。

近年は「日本経営品質賞」「日本でいちばん大切にしたい会社大賞」などの経営賞にも輝き、全国から多くの経営者や企業関係者が引きも切らず、見学に訪れるようになった。見学者が西精工に注目する理由は、その高い開発力や製造力だけではない。同社を訪れた誰もが、独自技術を支えるための人づくり、社風づくりの取り組みに目を見張る。むしろそれこそが、ベンチマーキングのハイライトといっても過言ではない。

その人づくり、社風づくりの成果を示す象徴的なデータがある。西精工が毎年実施する60問以上の社員アンケート調査の結果で、「わたしは、当社の社員で幸せである」との設問に対し、「非常にそう思う」「そう思う」と回答した社員の比率、すなわち社員満足度はじつに97・5%を達成するまでになった。さらに特筆すべきは、「毎週月曜日、出社するのがワクワクする」と答えた社員の割合だ。こちらも「非常にそう思う」「そう思う」を合わせると、なんと! 全社員の90%を超えているのである。

勤め人にとって、週明けは憂うつに感じるのがふつうだろう。現に、警察庁などの統計でも、曜日別自殺者数は月曜が最も多い。その月曜日に出社することが憂うつどころか、むしろ喜びになるほどの働きがいに溢れ、ワクワクしている状態を、西社長は〝月ワク〟と名づけ、社風づくりのテーマにしてきたという。幸福学の視点から見ても、働く個人と組織との関係におけるひとつの理想といってよい。

月ワク度90%以上――これほどまでの幸せと働きがい、そして社会貢献を、いずれも高いレベルで実現していることがホワイト企業大賞受賞の決め手となった。しかしなぜ、西精工にそれができたのか。同社の物語をひも解きながら、その核心に迫ってみたい。

◆仕事への誇りがない現場、不幸は起こるべくして起こった

徳島市の中心部から車でおよそ10分、住宅街の一角に建つ前面ガラス張りのモダンな建物が西精工の本社である。エントランスに近づくと、自動ドアが開く前から、ガラスの向こうに出迎えの女性社員が笑顔で立っているのが見えた。その社員に案内され、受付のカウンター前を通り過ぎようとした、まさにそのときである。

「こんにちは！」

カウンターの奥に続く事務室から、元気な挨拶が飛んできた。そこで働く管理系の社員全員がいっせいに作業の手をとめて立ち上がり、迎えてくれたのだ。優れた社風の一端に触れ、「なるほど、これか」と唸らされるのに、訪れてから数分とかからなかった。

「最初からできていたわけではありませんし、私が命じてやらせたことでもありません。社員たちが考えて、数年前から自主的に行動し始めました。私からいったのは『やるからにはやめるなよ』と。ただそれだけです」

西泰宏社長の言葉からも、人づくり・社風づくりへの確かな手ごたえが伝わってくる。とはいえ、西精工が現在のような〝いい会社〟になったのは、それほど昔の話ではない。

現社長が創業家の一員として同社の経営に加わった当初は、まるで雰囲気が違っていた。西社長は、1923年（大正12年）に同社を興した創業者の孫にあたるが、じつは「会社を継ぐつもりなど毛頭なかった」という。

「父親が創業者の三男なので、自分にお鉢が回ってくるなんて考えたこともありません。子どもの頃から会社や工場に出入りしたことがなく、何を作っているのかもよく知らなかったぐらいですからね（笑）」

もともと映画や音楽が大好きだった西社長は、大学進学で故郷を離れ、そのまま東京の広告代理店に就職。家業とはまるで畑の違うマスコミの第一線でバリバリと活躍していたところを、父親に呼び戻された。次期後継者と目されていた従兄の急逝を受けて、急遽、後継を託されたのである。1998年、35歳でUターンした西社長の目に映った西精工は、ひと言でいうと「暗い会社だった」という。

「まず現場を見て愕然としましたね。自分たちのつくった製品が床に転がっているのに、誰ひとり、気にも留めないんですから。機械は油まみれで、工具類も散らかり放題。社員の多くが楽しくなさそうに働いていていました」

前職の広告代理店時代は、どんなに厳しく、難しい案件でも楽しみながら全力で仕事に取り組んだ。何よりも、自分が担当した広告や商品に誇りを感じていた。それが当たり前だった西社長からすると、製品が落ちていても平気でいられるような現場から、仕事への誇りや愛着など感じられるはずもなかった。それだけではない。社内のすみずみまで5S（整理・整頓・清掃・清潔・躾）が行き届いている、現在の西精工からは想像もつかない痛恨の出来事が、西社長が戻るわずか1週間前に起こっていたのだ。

「戻ってから知らされたのですが、工場内で死亡事故が発生していたのです。亡くなったのは18歳の新入社員でした。尊い人命が失われたというのに、なぜ、こんなに無気力なままなのか。もっと安全で清潔な現場にしようとか、もっとお互いに関わり合っていこうとか、そういう雰囲気がまるで感じられなかった。正直、怒りがこみ上げてきましたよ。現場に社員同士のきちんとした関わり合いがあれば、互いを大切に思い合える企業風土があれば、あの若者は死なずにすんだはずですから……」

同社は創業以来、赤字を出したことがなく、当時も業績自体は悪くなかった。バブルはすでにはじけていたが、取引先の自動車業界がまだ好調で、仕事には恵まれていたのだ。「そうした状況に会社全体があぐらをかいていた」と振り返る西社長。このままでは、人も組織もダメになる――危機感のなさに、激しい危機感を覚えた。

◆理念を創り、覚悟を決める——みんなを幸福にする大家族主義経営

とにかく会社の雰囲気を変えようと、西社長は率先垂範、自ら掃除と挨拶の徹底に取りかかった。毎朝一番に出社して、製品を入れる油まみれの容器を洗ったり、独りでタイムレコーダーの脇に立ち、出勤してくる社員一人ひとりに「おはようございます!」と声をかけたり…。会社をよくしようと孤軍奮闘する次期後継者の姿に、一部の社員は共感して掃除や挨拶活動を手伝うようになったが、なかなか全体には広がらない。「そんなことをして何になるのか」という冷ややかな反応が、長く社内の大勢を占め続けた。突破の糸口を見出したい一心で各種のセミナーや企業見学などに足しげく通い、社内で5Sの勉強会を開くなど試行錯誤を重ねるも、思うようには変わらない現実。そのくり返しに、さすがの西社長も「あの頃はかなり行き詰まり、精神的にもしんどかった」と述懐する。

闇に光が差し始めたのは2005年。参加したある経営塾で、経営理念の大切さを学んだことが転機となる。「社員のことを謳っていない経営理念は理念ではない」という言葉を聞いて、西社長は「目を覚まされた」のだという。同社にも社是社訓はあったが、事業や製品の話ばかりで、それらを支える社員については何も触れられていなかったのである。それから1年をかけて、入社以来取り組んできた社内改革の目指すところを、経営理念の形に練り上げる作業を進めた。

「私もそれまでは、『いい会社とは明るくてきれいなものだから、社員は掃除すべきだ、挨拶すべきだ』と、会社のために社員は何をすべきかを押しつけるばかりでした。社員のために会社は何をすべきか、何ができるのかという視点が欠けていたことに気づかされたのです。会社は何のためにあるかというと、働くことでみんなが幸せになるためにある。関わるすべての人を物心両面で幸福に導く場所でなければなりません。自分でもそういう会社づくりを目指していたはずなのに、『みんなの幸福のために』と、はっきり打ち出すことができていませんでした」

――なぜか。「自分に覚悟がなかったから」だと西社長は分析する。覚悟がないから、自分で責任を背負わず、指を他人に向けて、社員に責任を押しつけていたのだと。

帰郷したばかりの頃、西社長は、かつて商売を営んでいた母方の祖母からこう諭されている。「社員さんが250人いたら、掛ける4で1000人ですよ」――。経営者は、社員本人だけでなく、その配偶者や子どもまでも背負う立場にあるのだという戒めである。孫に、一企業の後継者となる覚悟を問う言葉だったに違いない。当時は「自分が社員の家族まで背負うなんておこがましい、家族を背負うのは社員それぞれの責任だ」と思い、深く受け止められなかった。けれども、理念づくりの過程で社員の幸せを真剣に考え始めたとき、西社長は初めて祖母の言葉の真意を悟ったという。社員の家族も含め、みんなを幸福にする──「大家族主義経営」の覚悟が定まったのだ。だからこそ、2006年11月に完成した経営理念を発表したとき、社員全員の前できっぱりと宣言することができた。

「社員一人ひとりの幸福が、私の一番の幸福です。会社に関わるすべての人の幸福を追求して、みんなで物心ともに豊かになりましょう」

以来、社内の空気は確実に変わり始めた。経営理念に謳われた大家族主義経営の実現に向けて、社員の心も動き始めたのである。

◆毎朝1時間弱の〝考える朝礼〟で理念を現場に落とし込む

背負う「覚悟」といっても、現在の西社長から、気負いや悲壮感といったものは微塵も感じられない。表情も、語る言葉も底抜けに明るく、ポジティブそのものである。

「実際、楽しいですからね。〝背負う〟ことが楽しくて仕方ないんですよ。誰かの幸福を背負えるというのは幸せなことで、背負わなければここまで喜びを味わえないでしょう。何がうれしいって、たとえば、近所のスーパーで社員と出会っただけでもうれしいし、そこで『社長!』と言って駆け寄ってくれたらもっとうれしい。まさに家族同然なんです」

経営理念や経営ビジョンを創っただけで、ここまでの深い関係性が生まれたり、現在のような〝月ワク〟の社風がすぐに育まれたりしたわけではない。西社長と社員の挑戦は、むしろここから始まる。欠かせなかったのは、理念を徹底して現場に落とし込み、血肉化する不断の努力。その取り組みはいま現在も日々、続けられているのだ。

西社長は、経営理念を制定した直後から社員との対話に注力し、さまざまなアイデアを導入した。毎朝6時半までに全社員のパソコンに送信される「乱文通信」と名づけた社内メールもそのひとつだ。経営理念にもとづくテーマを週ごとに設け、まず西社長から考えや思うところを投げかける。受け取った社員はその日の夕方5時までに感想を書いて返信。その返信の中からいくつかを西社長が選んでコメントをつけ、翌朝の「乱文通信」としてまた送信するというしくみである。意見のキャッチボールを通じて、経営理念を社員一人ひとりの肚《はら》に落としていく――。「乱文通信」による対話は、3年間休みなく続けられた。社員からの返信にすべて目を通すだけでも相当な時間がかかるが、西社長は、接待などで帰宅が深夜に及んでも、この日課を欠かすことはなかったという。

3年間の対話のエッセンスは、西精工の「フィロソフィー」（哲学）として整理され、ファイルにまとめられた。２００項目からなるフィロソフィーは、現在、毎朝の朝礼に活用されているが、この取り組みも西精工の人づくり・社風づくりの生命線といっていい。

「係」と呼ばれる部署単位で行なう朝礼では、経営理念と創業の精神を全員で唱和した後、フィロソフィーの中から1項目を選び、3～4人のグループに分かれてディスカッションする。お互いにできているかを評価し合ったり、自分のことに置き換えて振り返ったり、抱える課題の解決策をフィロソフィーの中に求めたり──。意見交換は自然と熱を帯び、各自のフィロソフィーのファイルがメモ書きで見る見る埋まっていくことも珍しくない。その後、グループ発表、質疑応答、総括と続き、全体で1時間弱をかける。終了後、イキイキとして持ち場に向かう社員の表情を見れば、同社が朝礼になぜそこまで時間を費やすのか、答えはおのずと明らかだろう。

「社長や上司が一方的にしゃべるだけの朝礼ではなく、社員一人ひとりが自ら考え、自ら参加して関わり合う朝礼なんです」と西社長。だから、やらされ感がなくなり、仕事への意欲や創意工夫、チームワークを発揮するようになる。朝礼の充実には、話しやすい環境づくりも欠かせない。立場や年齢に関係なく、誰の、どんな意見も否定されることのない場の雰囲気をどう醸成するか、各係のリーダーの腕の見せどころだ。西精工では、朝礼の出来によって、その日の現場の仕事ぶりが決まるといっていい。

◆雇用率より幸福度100％を目指して障がい者雇用に注力

「まさか大賞とは思ってもみませんでした。『朝礼が長すぎるで賞《しょう》』とか『社長が社員と飲みに行きすぎで賞』だったら、自信があったのですが（笑）」

ホワイト企業大賞の受賞スピーチで、西社長はそう言って会場の笑いを誘ったが、あながち冗談とは言い切れない。〃朝礼の長さ〃は先述のとおり。〃社員との飲み会〃も実際、頻繁に行なわれている。日数にして、年間100日以上というから驚きだ。ただし、参加者は1回に8名まで。それ以上になると、みんなで一緒に話せなくなってしまう。親睦を深めることが目的ではなく、西社長にとっては、あくまで理念の共有・浸透を磨き上げる〃対話〃の一環。だから、業務時間外であっても、話題はもっぱら〃仕事〃に集中する。社員とひざを突き合わせ、仕事や会社について腹蔵なく語り合う機会が大家族主義経営を円滑に進めると、西社長は確信しているのだ。

「年間100日以上も社員と飲んでいれば、うちの現場でいま何が起こっているのか、たいていはわかりますよ。そこで社員たちに、いつも口を酸っぱくして語りかけているのは、チームの誰かが何か問題を抱えていたら、それを解決するのは本人だけの責任ではない。リーダーを始め、周囲で関わっている人全員が指を己に向けて、自分たちの責任と捉えるのがうちの文化だ、ということです。一人ひとりが積極的に関わり合い、お互いをもっと背負い合ってほしい。人は誰かを背負うことで成長し、輝きを放ちます。そういう社員が増えれば、組織も自然と強くなる。みんなを輝かせることが、私の喜びですから」

お互いを家族のように大切に思い、関わり合う大家族主義経営の理念を地道に共有していく中で、社員の考え方と行動は大きく変わっていった。それは近年、同社が力を入れている社会貢献活動の成果・実績にも表れている。とくに注目を集めているのが、先進的な障がい者雇用の取り組みだ。雇用確保はもちろん、それ以上に「働く障がい者の幸福度とやりがい」に重きを置く姿勢が素晴らしい。

「最初からそういう考え方があったわけではありません」——。同社総務部の森住実部長が証言するように、以前はとにかく法定雇用率を満たそうという発想しかなく、仕事の内容や働き方は二の次だった。現場は危険で、仕事を覚えるのも大変なことから、障がい者を受け入れても、掃除などの軽作業を任せるしかない。誰もがそう思い込んでいたのだ。

「ところが、『働きやすいところへ入れるだけならいくらでもできるけれど、本人たちはそれを望んでいない。もっと違う関わり方があるのでは?』と社長から問題提起があり、現場がすすんで改革に乗り出したのです。作業の標準書を作り、機械の付帯設備をすべて交換するなど、採用した人が同僚と分け隔てなく働けるように、職場環境の整備やチームづくりを進めてくれました。みんなと同じことができるというのは障がい者の方にとって何よりの喜びであり、働きがいですから、どんどん伸びるんですね。いままでは、ナットの製造を任されるまでになり、本人も周囲もお互いに成長できました」

森住部長の表情にも自然と笑みが浮かぶ。彼らの成長が我が事のようにうれしそうだ。

◆もう一度出社したい――〝抵抗勢力〟だった社員の最期の願い

大の映画好きらしく、西社長は「改革とは〝物語〟を描くこと」だと語る。社員という俳優の個性を活かしながら、ストーリーを紡ぎ、誰もが納得するラストシーンへどう結びつけていくか――。西社長は入社以来一貫して、人づくり・社風づくりという終わりなき物語を描き続けてきた。その中でも、とりわけ忘れられない一篇があるという。

3年前にがんで亡くなった元社員が、その〝主人公〟だ。工作の係で金型づくりを担当するベテランだったが、理念の制定を機に会社が大きく変わっていこうとする中で、その社員は頑として変わろうとしなかった。いわゆる〝抵抗勢力〟である。「理念がなんぼのもんじゃ！」「挨拶なんか面倒や」「掃除をしたら売上が上がるのか」――。社内で反抗するだけならまだしも、毎晩のように行きつけのおでん屋で酔いつぶれては、聞くに堪えない会社の悪口や不平不満をまき散らしていたという。独身で、年老いた母親とふたり暮らし。社内に親しい仲間もいない。西社長は意を決し、本人と係のリーダーを呼び出した。

「率直に語りかけたのです。僕は〝月ワク〟の会社を創りたい、一緒に創りませんかと。そして、あなたが月曜に出社するのがワクワクするような会社ができたら、ここが自分の居場所だと思えるような会社ができたら、あのおでん屋で自分と乾杯しよう、と約束しました。物語の〝ラストシーン〟を決めたわけです」

先に変わり始めたのは、本人よりも周囲の仲間だった。「他人事ではなく自分の責任」と捉えたチームの同僚は、その社員にすすんで声をかけ、励まし、内外のさまざまなイベントに誘うなど、積極的に関わるようになっていった。西精工には、各自がどんな自分になりたいかを内省し、自己の使命や信条などを文書にまとめて宣言する「ミッションステートメント」のしくみがある。その社員も仲間に助けられ、苦労の末に宣言書をまとめたことで将来に希望がもてるようになり、投げやりな態度が消えていったという。

「僕との面談から3年経つ頃には、みんなのおかげですっかり職場の輪に溶け込んでいましたね。仕事も、現場も楽しくて仕方がない。彼の顔を見れば分かりましたよ。『そろそろ行く?』『行きましょう』。約束どおり、日本酒で乾杯してラストシーンを実現させたのです。直後にそのおでん屋が廃業したので、ギリギリでしたけどね（笑）」

しかし、物語はそこで終わらない。その社員が病に倒れたのだ。重い大腸がんだった。休業を余儀なくされ、長く自宅療養を続けていたが、ある日、その社員が医師の診断書をもって会社に現れた。診断書には「就業可」と記されていた——。

「働けるから、復帰させてほしいと言ってきたのです。うちの産業医に相談したところ、『就業可』という判断はありえないと。すでにその時点で、かなり強い抗がん剤を使っていたからです。すぐに総務が彼の自宅へ行き、『いつまでも待っているから無理するな』と説得したのですが……。亡くなったのはその5日後でした。おそらく主治医に頼んで、偽の診断書を書いてもらったのでしょう。そうとしか考えられませんよ。もう一度現場に立ちたい、仲間に会いたい一心で。あんなに嫌いで悪口ばかり言っていた会社が、最期は彼にとって、生き場所であると同時に死に場所にもなった。彼と関わり合ったみんなが、彼をそこまで引っ張っていったんですね」

その社員が亡くなったとき、西社長が改めて胸に深く刻んだのが、先述した19年前の出来事だったという。自身が徳島へ戻る直前に、同社の現場で起こった死亡事故である。思えばあれが、人づくり・社風づくりという物語の序章だった。

「仲間を失った悲しみに大小の差はありません。しかし、19年前の事故と違ったのは、心から救われる思いがしたことです。がんで亡くなった元社員のお母さんに何度も言われましたから。『あの子は本当に会社が大好きだったんですよ』と」

◆徳島から世界へ、〝幸福のファインパーツ技術〟を発信する！

こうして西精工は、「人生最後の日まで出社したい、働きたい」と思えるほどの幸せな社風をもつ会社へと生まれ変わっていった。その原動力は、「社員の幸福こそ私の一番の幸福」と宣言し、大家族主義経営を地道に実践し続けてきた、西社長の本気と覚悟にほかならない。

「社員一人ひとりが、仲間の幸福はもちろんのこと、西精工に関わるすべての人の幸福を自分の幸福にできる人間になってほしい。そこには当然、お客さまの幸せも含まれます。人は、ただ漠然と『いい仕事をしよう』と思うだけではなかなかうまくいきません。お客さまの喜びを自分の喜びと捉え、お客さまを喜ばせるために何ができるかと考えたほうがモチベーションは上がりやすい。そこに、品質や技術力も自然とついてくるのです」

ものづくりでお客さまを喜ばせるためには、その喜ぶ〝顔〟が、営業を通じて製造現場にまでよく見えていないと難しい。同社には、営業がお客さまのところへ出張に行くと、どの製品のどういう点が喜ばれたか、どんな製品が求められているのか、成約に至ったかどうかなど、営業とお客さまとのやりとりを逐一、全社員で情報共有するしくみがある。製造現場から営業への提案活動が活発なのもその賜物だ。

トップが社員一人ひとりの幸福を自分の幸福ととらえ、社員はお客さまの喜びを自らの喜びとする――。大家族主義経営にもとづく幸福の連鎖が、西精工の高品質・高機能なファインパーツ技術を下支えしているのだ。関わるすべての人がお互いにとってなくてはならない。〝幸福なものづくり〟のモデルケースがここに、ある。

「社長はいてもいなくても同じ」と言われるほどのオープンでフラットな風通し経営

ぜんち共済株式会社（東京都千代田区）

◆障がい者向け保険に特化したオンリーワン事業の原点とは

東京・JR御茶ノ水駅。人であふれかえるホームの端に独り悄然と立ち尽くし、線路を見つめる男性の姿があった。傾く影、近づいてくる電車――、いまから10年ほど前のことである。

「あのときは、『飛び込んでしまおうかな』と本気で考えたんですよ。楽になりたい一心でした」と振り返るのは、ぜんち共済株式会社の創業者で代表取締役社長の榎本重秋さん。その若々しい容姿や底抜けに明るい笑顔からはにわかに想像できないが、同社創業の際の困難に、心が折れかけたことは一度や二度ではなかったという。

それでも、何とか踏みとどまることができたのは、『自分を頼りにしてくれる人たちを裏切りたくない』という思いが勝ったからだ。窮するたびに、榎本社長の脳裏に浮かんだのは、全国各地で出会った知的障がいのある人たちとその保護者、支援者の顔だった。

都内千代田区にあるぜんち共済は、知的・発達障がい、ダウン症、てんかんのある人を支えるための少額短期健康総合保険を扱う、日本で唯一の専門保険会社である。障がい者向けの保険自体は大手でも一部扱っているが、専業は同社だけ。知的障がい者の保険引き受けを事業化することには、それだけ難しく、危うい面があるからだ。

障がい者の場合、本人が比較的病気になりやすい、ケガをしやすいというだけでなく、図らずも他人にケガを負わせたり、他人の財産を壊したりする事故を引き起こす可能性が高い。保険金の支払いリスクが大きく、ビジネス面だけを考えれば、引き受けにくいのは当然だろう。また、自分の健康状態を的確に説明できない人が多く、通常、保険加入時に義務付けられる本人告知を取りにくいのも、障がい者特有のネックとされる。

では、保険に入れないと、どういう問題が起こるのか。障がいのある人が病気で入院となると、病院からは個室に入るようにいわれ、差額ベッド代が発生する。付き添いも必須なので、保護者は仕事を休まざるをえず収入が減る。また、障がい者が交通事故や虐待の被害に遭ったり、事件の被疑者になったりしたときには、権利擁護のために弁護士費用もかかる。公的な助成もあるが、それでは賄いきれない費用負担が保護者に重くのしかかるのだ。保護者だけではない。障がい者を預かる特別支援学校でも、かつては修学旅行先で生徒が物を壊したりすると、先生らが身銭を切って弁償するのがふつうだった。

「障がい者にこそ保険が必要なのに、障がい者であるがゆえに入れないのが現実です」

榎本社長がこうした実情を初めて知ったのは、AIU保険会社（現・AIG損害保険株式会社）の営業マンだった27歳のとき。代理店担当として、保険代理店「永田事務所」と出逢ったことが人生の転機となった。事務所代表の永田仁司氏は、日本における障がい者保険の、いわば〝生みの親〟だ。知的障がい者の保護者らがつくる団体の要請を受けて、障がいがある人でもAIUの傷害保険に入れるよう交渉を重ね、ついに同社を説得した。どの保険会社も引き受けない中で、それは「画期的な功績だった」と榎本社長は語る。

「当時の私は営業の成績もふるわず、保険の仕事にやりがいを見出せずにいました。もともと新卒でAIUに入ったのも、給料の良さと外資系の華やかなイメージに何となく惹かれたから。大した志などなかったのです。ところが永田さんと出会い、一緒に障がい者の施設や学校を営業で訪れると、行く先々で親御さんたちから涙ながらに『本当に助かっています』『ありがとうございます』と感謝され、衝撃を受けました。保険は、こんなにも人を助けることができるのかと。その素晴らしさに気づかせてもらったのです」

◆親の思いに応えたい、規制強化の荒波を超えて新会社設立へ

とはいえ、ＡＩＵは損害保険会社なので、引き受けられるのはケガと賠償の部分まで。病気による入院や死亡、トラブル時の権利擁護などの保障は付いていなかった。障がい者保険に真に求められていたのは、そこまで含めた総合的な保障だった。

これを実現するために、２０００年に発足したのが「全国知的障害者共済会」。障がい者の保護者や支援者らが相互扶助の精神にもとづいて自ら立ち上げた、全国規模の共済制度のスキームである。榎本社長は別の保険会社に転職していたが、制度設計などを依頼されて共済会設立を支援するだけでなく、ついには会社を辞め、共済会の事務局に入った。

「この仕事に自分の一生をかけようと決めたからです。共済会を作るとき、規模を広げて制度の安定化を図るために、『新しい保険ができました』と紹介しながら親御さんたちと全国を回りました。みなさん大変な苦労をされているのに、一緒にお酒を飲んだりするとすごく明るいんですよ。『これぐらいじゃなきゃ家族を幸せになんかできないから』と。感動しましたね。ちょうど自分にも子どもが生まれる頃だったので、子を思う親の気持ちというものが本当に身に沁みました。その思いに応えたくて、共済会に入ったのです」

保険に精通する榎本社長を運営の中心に迎え、共済会の事業は順調に成長していった。

発足4年目の03年には加入件数1万件を突破、6年目の05年には年間支払共済金が1億5000万円を超えた。しかし、榎本社長にとって、本当の〝天命〟はその先にあった。

当時、オレンジ共済組合事件など共済制度を隠れ蓑にした詐欺事件が相次いでいたことから、06年4月に保険業法が改正。無認可の共済が同法の規制対象となり、管理・運営していた団体は、共済を解散するか、あるいは生・損保険会社や小口の保険を扱う少額短期保険業者になるか、選択を迫られたのだ。全国知的障害者共済会では、理事会の決定により、後者を選択。すでに2万人を超えていた加入者の受け皿として、新しい会社づくりを託されたのが、事務局内で唯一保険業界出身だった榎本社長である。

「いつかは起業したいと、漠然と考えてはいました。既存の保険業界の業績至上主義や、企業戦士的な働かされ方に嫌気がさしていましたから。無駄な会議が多かったり、会社の都合で転勤させられたり、全然〝ホワイト〟じゃないんですよ。なので、このタイミングとは思わなかったけれど、自分でも何とかできるかなと思って引き受けました」

2006年11月、「ぜんち共済株式会社」設立。前身である全国知的障害者共済会の略称「ぜんち（全知）共済」を、そのまま社名として受け継いだ。

しかし、規制強化の流れの中で、新しく保険事業をスタートすることの難しさは、榎本社長の想像をはるかに超えていた。会社の設立自体は登記すれば足りるが、商品としての保険は国に申請し登録を受けなければならない。既存市場にはなかった保険商品だけに、当局の登録を得るための折衝は困難を極めた。保険の約款や事業計画、社内規定、保険料算出の基礎データなど、膨大な書類をすべてそろえて、毎週1回当局へ通い詰める日々。障がい者保険の社会的意義を強調したが、当局の担当官には約款の書きぶりから他の法律との関連性まで細かく問われ、指摘されるたびに1週間ですべてを調べて、作り替えた。登録が取れるまで、そんな日々が1年半近く続いたという。

当局との長く厳しい折衝に加え、資本金集めやスタッフ集めも難航した。登録を受けるには保険業務に精通した組織体制を整えなければならないが、経験者は業界の実情を知るだけに、安定や高給を捨ててまで、登録がされるかもわからない新会社に来てはくれない。榎本社長はサラリーマン時代の伝手を片っ端からたどったが、たいていは「いい仕事だと思うけれど、無理だよ」とにべもなかった。それでも、元同僚の女性2名が熱心な勧誘に応じて入社。さらに男性陣も、旧共済会の活動に共感した、法務・査定・経理・システムなど各分野のベテラン5名が加わり、ようやく創業に向けた陣容が整った。

◆社内から笑顔が消えた理由――志だけでいい会社は作れない

設立準備から登録、事業立ち上げに尽力した、この7名のスタッフは現在、誰もぜんぜん共済に残っていない。男性陣5人組は、もともと軌道に乗るまでの期間限定で力を借りる約束だったため、役割を終えると順次、円満に退社していった。榎本社長が「慙愧《ざんき》に堪えない」といまも悔やむのは、昔の仲間である女性2人と袂を分かつに至った経緯である。準備作業が難航し、登録の期限が迫る中で、2人は社長や男性スタッフと次第に衝突するようになり、関係を修復できないまま、志半ばで身を引かざるをえなくなったのだ。

「私が彼女たちを十分にサポートできず、結果的に迷惑をかけてしまったのは、当局との折衝から資金集め、人集めなど、すべてをひとりで背負い込み過ぎてメンタルを壊してしまったことが原因です。社内の軋轢が深刻化する頃には、不眠や過呼吸など体調もおかしくなっていて、明るさだけが取り柄の私から笑顔まで消えていました。心身ともに追い詰められ、電車に飛び込もうなんてバカなことを考えたのもその頃です」

08年2月、ようやく少額短期保険事業者として登録を受けたが、社内にその知らせを喜ぶ声は上がらなかった。チームワークなどなく、オフィスの雰囲気は最悪だった。

「社長らしい決断力や気遣いも失ってしまい、彼女たちには本当に申し訳ないことをしました。辞める際に2人と腹を割って語り合い、『本当は私たちも一緒に会社を作っていきたかった』と泣かれたときは、自分のダメさ加減につくづく打ちのめされましたね。私が経営者として至らないばかりに、2人をこんなにも傷つけてしまったのかと」

痛恨事を深く胸に刻んだ榎本社長は、その後も資金が底をつくなどの苦難をすべて乗り越え、5年目に黒字転換を果たす一方で、組織の立て直しにも全力を傾けた。幸い、資金集めや人材集めの過程で数多くの出会いにめぐまれた。どうすればいい会社になるのか、社員全員がイキイキと働けるのか——。壁にぶつかるたびに先輩経営者を訪ね歩き、貴重な教えやアドバイス、ときに厳しい叱咤激励を受けながら、〝いい会社にあって自社に足りないもの〟は何かを探し求めたという。

「最も足りなかったのは〝経営理念〟でした。登録を受けるために当局へ事業計画を提出する際、こういう会社を作るという構想は書きましたが、経営理念は制定していません。その後も日々の忙しさにかまけて作っておらず、5年目にしてようやく作ったのです」

起業して5年間は経営理念なし。目に見えない〝思い〟だけで走り続け、創業後に採用した新しいメンバーもそれを分かってついてきてくれていると思っていた。だが、実際は、小さな組織にもかかわらず風通しが悪く、上司や経営層への不満がうっ積。アフター

5の酒席でそれが爆発し、酔いに任せた悪口大会になることも少なくなかったのだ。

「課長たちと呑んでいると、会社や取締役への批判を、私に直接ぶつけてくることもよくありましたからね。そこで、創業の思いを社員みんなで共有しようと経営理念を定めたのですが、それを組織内に浸透させるのもまた容易ではありませんでした」

経営には、志や思い、使命感といったものが欠かせない。ぜんち共済のような、社会的意義の高い事業ならなおのこと。保険を通じて障がい者を支え、社会に貢献したいという榎本社長らの思いこそが、さまざまな支援や出会いを引き寄せてきた唯一無二の求心力であることは疑いを容れない。しかし、志の高さや使命の重さが、ときに組織を閉塞させ、疲弊させてしまうこともあるのではないか。組織を構成する働き手は皆、生身の人間なのだから。日々、ささいなことで怒ったり、不満を抱えたり、疲れてやる気をなくしたりもする。リーダーがそれらを顧みず、「我々には使命があるのだから」と大義一辺倒で人を動かそうとすれば、組織からは活気も、笑顔も、思いやりも失われ、肝心の使命を果たすモチベーションまで損なわれてしまうだろう。本末転倒以外の何物でもない。

志は必要だが、志だけでいい会社は作れない――。ぜんち共済の草創期を思いだけで走り続けてきたことへの反省から、榎本社長が学んだ教訓である。

◆業界特有の〝縦割り構造〟を打破し風通しのいい職場環境へ

これまで記したとおり、ぜんち共済は、「障がい者保険」という社会的意義の高い事業そのものに独自性のある企業だが、ホワイト企業大賞では、その重い使命を果たすためにこそ必要だと考えられる、明るくイキイキとした企業風土やオープンでフラットな組織を実現している点が高評価され、「風通し経営賞」を受賞した。〝イキイキ〟や〝オープンでフラット〟とは真逆にあった創業時の状態から、何がどう変わったのか。

「私が入った頃はまだ風通しも悪く、殺伐とした雰囲気の名残がありました」と語るのは同社取締役査定統轄部長の亀田秀明さん。榎本社長に見込まれ、2010年にコンサルティング会社から移ってきた。

「私は、自分で自分の歓迎会を企画したんですから（笑）。『うちには歓迎会を仕切る人がいないから…』と言われましてね。いまの空気とは全然違いました。そういうのが嫌で、酒の席で社長に文句ばかり言っていたのは他でもない、私です（笑）。現在は、何をするときも全員が参加し、みんなで相談して決めています。斜に構えるような人はひとりもいません。自分から案を出したり、盛り上げたりする人はまだ多くないものの、社員旅行でも何でも、やるとなったら一致団結。パッとまとまれるところはすごいと思いますね」

社員旅行は榎本社長にとって、いい会社を目指す上でのひとつの〝夢〟だった。以前は社長が誘っても、社員が乗り気ではなかったが、3年前に、逆に社員から「行きたい」と要望があり、会社行事として導入した。その社員旅行を企画している、亀田部長の部下の上原優理さんも「私は社内最年少ですが、何かお願いすると、みなさんパッと動いてくれます。すごく協力的です」と語る。介護業界から転職して4年目。社外の友人と会って、お互いの仕事や職場のことを話すとき、自然と誇らしい気持ちになるという。

「友だちの話を聞いていると、だいたい直属の上司や先輩、1人か2人しか話題にのぼりませんが、私には『こういう人がいてね』と話したいことがいっぱいある。愚痴じゃありませんよ（笑）。社員数が少ないことを割り引いても、うちは、お互いがお互いのことを知りすぎるほど知っているので、ネタがつきないんです。みんなお酒が好きで、飲み会もしょっちゅう。オフィスでは雑談も多く、笑いが絶えません。ただし、お客様から電話がかかってきたときは別です。私語も笑いも一切なし、大切な保険の話ですから」

こうした風通しの良さを実現するために、榎本社長がまず着手したのは、組織の縦割り体質を打ち破ることだった。もともと保険業界はそうした傾向が根強いといわれ、ぜんち共済にもかつては、営業は営業、査定は査定と、部署間の厚い壁があった。それが会社の一体感やチームワークを妨げ、殺伐とした雰囲気の元凶となっていたのだ。

縦割り構造に〝横串〟を刺すための施策として、ぜんち共済では、部署とは別に「経営理念浸透チーム」「コミュニケーションチーム」といった組織改革に資する社内横断型のチームを設けて活動しているほか、社内ＳＮＳを活用してあらゆる情報を公開・共有し、和気あいあいとした職場環境とオープンでフラットな関係性の醸成に努めている。

また、スタッフへの入念なヒアリングやアンケートも定期的に実施。その結果を毎年の事業計画づくりに反映させている。経営陣だけでなく、全社員で社内の課題を出し合い、その課題をどう認識しているか、どうすれば改善・解決できるのか、さまざまな視点から自社のビジネスや職場環境を見つめ直しているのだ。そうすることで、経営陣には貴重な発見や気づきがあり、スタッフ間には「言えば会社は応えてくれる」という信頼感や参加意欲が広がっていく。現在の同社を象徴する〝イキイキ感〟の源泉といえるだろう。

◆社員とその家族の幸せを第一に――誕生日の花に込めた思い

もちろん、それだけではない。経営理念の浸透に苦労していたとき、榎本社長を導いたのが、人を大切にする経営――「人本経営」の考え方である。同名書籍の著者で社会保険労務士の小林秀司氏と出会い、取締役会の了承を得た上で、小林氏が主宰する「人本経営実践講座」の第1期生となった。

「『企業経営で大切なのは、社員とその家族の幸せを第一に考えることだ』と教えていただき、あれこれ悩んでいたのがウソのように、すとんと肚落ちしたのです。よし、自分も社員とその家族の幸せを第一に追求しよう、と。社員が幸せになれば、いい仕事ができ、ビジネスの結果もおのずとついてきますし、成果が出れば、みんなでまた喜べます。最近、その好循環を実感できるようになってきました」

榎本社長は、講座での学びを次々と具体的な施策に落とし込み、実践している。社員の一番大切な人の誕生日に、毎年、感謝のメッセージを添えて花束をプレゼントするという企画もそのひとつだ。過去2回実施し、1年目は社長から、2年目はそれぞれの上長の名前で贈られた。

先述の亀田部長の場合は、両親がすでに亡くなっているため、社長から妻の母に贈ってもらったという。「『いい社長さんだね』と感謝されて、やってよかったなと思いました。2年目は自分が上司として贈る側になったのですが、部下から『親が喜んでくれました』なんて言われると、やっぱりうれしいですよね」

その亀田部長の部下である上原さんは、2回とも父親の誕生日を指定した。友だちとはしょっちゅう会社の話をするのに、ビジネスパーソンの先輩でもある父に、自分の仕事や職場のことをきちんと話す機会がないことが気にかかっていたからだ。

「社長や亀田部長から花が届くことは、父はもちろん母にも内緒にしていたので、すごくびっくりしていましたね。とくに父は、『ここまでしてくれる会社があるのか』『部署でもよく見てもらえているんだな』と感動して喜んでいましたし、それをきっかけに、仕事の話もよくするようになりました。最近、両親もようやく『そんないい仕事をしていたのか』とわかってきたみたいです（笑）」

ちなみに、榎本社長の一番大切な人の誕生日には、社員全員からのメッセージを添えた花が贈られた。1年目は妻へ。2年目は父へ。しかし、社員からの感謝の言葉を誰よりも喜んだのが、榎本社長自身であったことは想像に難くない。

◆「社長はいてもいなくても同じ」と言われる理想的な関係性

いま、ぜんち共済の社内では、「社長はいてもいなくても同じ」とまで言われている。それはもちろん、榎本社長のマネジメントに対する、最高の〝褒め言葉〟だ。

たとえ社長がその場にいなくても、あるいは社長の指示を受けなくても、社員は何事も自分たちで考え、相談して決めていく。決して、社長の意向を無視するということではない。リーダーの思いや考えをスタッフ全員が理解・共有できているという確信と、リーダーにもまた、スタッフ一人ひとりの気持ちがちゃんと伝わっているという心理的安心・安全――、それこそが、「いてもいなくても同じ」という表現の真意に他ならない。

そこまでの関係性を築くために、日頃心がけていることは何かと、榎本社長に問うと、「ホウレンソウは上司から」という言葉が返ってきた。ダイエー会長兼CEOなどを経て横浜市長に転身した林文子氏の持論である。

「いつも肝に銘じていて、報告も連絡も相談も、まず私からするようにしています。そうすると、社員からもちゃんといろいろな反応が返ってきて、コミュニケーションが深まりやすいんですよ。それと、とにかく社員に関心をもつことでしょう。うちでは年に3回、個人面談を行なっていますが、そのときはひたすら傾聴に徹します。関心をもって聞くと、プライベートまで含めていろいろな話が出てくる。社員一人ひとりを深く知らなければ、彼らの幸せを第一に考えることなどできません。無関心は一番ダメですね」

個人面談では、業務上の目標や改善点などについても当然話し合われるが、人本経営の発想から、ぜんち共済は社員にノルマを課していない。保険業界では極めて異例である。それでも、同社は右肩上がりで成長を続け、7期連続の黒字を達成（2017年3月時点）。すでに累積損失を解消し、契約件数も4万件を超えた。商品の販売を開始してから9年で約2倍に増加している。

社員とその家族の幸せを第一に考える経営に徹し、志ある人たちがイキイキと働ける、風通しのいい職場環境の整備にひたすら尽くしてきた――。創業前後の苦境を思えば、その努力が、こうして数字にはっきりと裏付けられていることに感銘を禁じえない。

「知的障がいのある人は、障がい者手帳を持っている人だけでも70万人以上いると言われています。当社のお客様は約４万４０００人ですから、保険を必要としている人たちにまだ届けられていないわけです。これをさらに広められるよう、当社はもっといい会社になり、もっとイキイキと働ける仲間を増やしていかなければなりません。そのために私ができることは、何でもする覚悟です。まぁ、うちのスタッフに言わせると、私は『いてもいなくても同じ』だそうですが（笑）」

重い使命と責任に真正面から向き合いながら、榎本社長をはじめ、ぜんち共済の人々はどこまでも明るく、そして強い。

「人の成長が何よりうれしい」会社は家族に誇れる人間力大学校

有限会社アップライジング（栃木県宇都宮市）

◆朝礼は会社の〝スイッチ〟――声を出せば元気が出てくる

「おはようございます！　よろしくお願いします！」

全社員の声と心がひとつに揃った元気な挨拶は、すぐそばを間断なく行き交う自動車の騒音にもかき消されない。午前8時。有限会社アップライジングの平日の朝礼は屋外で始まる。そこは、交通量の多い国道に面した大型店舗前の、広い駐車スペースの一角だ。

「よほど荒天でない限り、毎朝、店の外で行ないます。なぜ？　道行く人にもうちの朝礼を見てほしいからです。朝礼の素晴らしさをより多くの人に伝えたい。僕たちは本気でそう考えていいます。朝礼はいわば、会社の〝スイッチ〟。みんなで顔を合わせて『今日も一日頑張りましょう！』と言うだけで、社内に活気が出てきますからね。絶対にやつたほうがいいですよ」

同社の印象を、知る人はみな「元気な会社」と語るが、朝礼こそがその元気の源だと、代表取締役社長の斎藤幸一さんは確信している。

中古タイヤ・アルミホイールの格安販売を中心に事業展開を図るアップライジングは、2006年に栃木県宇都宮市で呱々《ここ》の声をあげた。もともと家族と廃品回収業を営んでいた斎藤社長が、自動車関連企業から出る鉄くずなどを扱う中で、中古のタイヤやアルミホイールと出会い、「スクラップや廃棄処分にするのはもったいない。磨いてキレイにすればまだまだ使える」と、リサイクル商材としての新たな価値を見出したのがきっかけだった。ディーラーや解体業社から中古タイヤ・ホイールを買い取り、修理・再生して、販売するというビジネスモデルは、当時、県内ではほとんど例がなかったという。

当初は資金的に苦しく、実店舗はもてなかったが、インターネットオークションで販売する手法が奏功し、活路が開けた。売上は順調に伸び、およそ1年後には家族とスタッフ数名で会社を設立。さらに同市内の好立地に実店舗を構え、店頭での販売とサービス提供にも力を注いだ。ネット通販で全国のお客様を大切にしつつ、地域社会にも根付いていきたいと考えたのだ。斎藤社長が「朝礼」を取り入れたのはこの頃である。

「店を構え、店頭に直接お客様が来られるようになると、スタッフは当然、『いらっしゃいませ』『ありがとうございました』とご挨拶しないわけにはいきません。ところが、通販では顔の見えない相手とネットを通じてやりとりするだけだったせいか、最初は声が出せなかったり、小さかったりしたのです。それが朝礼を始めてから、だんだんと大きな声で元気よく挨拶できるようになっていって。これは絶対にいいなと思いましたね」

朝礼の効用や、大きな声で元気に挨拶することの大切さは、起業と前後して通い始めた管理者養成学校の研修で学んだという。「知るは易く行うは難し」が世の常だが、学んだことに予断を入れず、真摯に受け止め、日々の活動の中ですぐさま実践する愚直なまでの行動力こそが、この若きリーダーの真骨頂といっていい。

「人から学んだことや良いと勧められたことは、必ず一度はやります。それも、すぐに。先延ばしにすると、感動が薄れてやらなくなりますから。やった結果、自分には合わないと思ったら、やり方を変えるか、止めればいいだけでしょう? やりもしないで、もっといい方法があるのでは、なんて疑うのはもったいない。朝礼もやってみてよかったから、目に見えて効果があったから、10年以上続けているんです」

全員揃っての挨拶から始まるアップライジングの朝礼は、社長の訓示を皮切りに、経営理念や社訓の唱和、倫理法人会で配っている道徳テキストの音読、さらにはそれらを活用した自由発言のスピーチと続く充実の内容だが、時間はトータルで20分ほど。積極的な挙手や発表がどんどん続き、体育会系のノリで小気味よく進んでいくのが特徴だ。

そのノリに、入社直後はついていけなかったというスタッフも少なくない。ある年配の社員は前職での苛酷なリストラ体験からうつ病を発症、死を考えるほど追い詰められ、最後に「ここでダメなら死ぬしかない」とわらにもすがる思いで斎藤社長のもとへやってきたが、はたして2週間で挫《くじ》けそうになった。暗く、頑なな心が、〝元気な朝礼〟にどうしても馴染めなかったからだ。ところがある朝、ふと思い立って手を挙げてみたら……。

「みんなの前で声を出せたことがすごく気持ちよかったらしくて、その日から目に見えて変わっていきましたね。メンタルも回復して元気になり、いまでは率先して発言してくれますし、もともと熟練の技術者なので、自社修理工場のリーダーとしてベトナム人の技能実習生の指導などにも非常に熱心に取り組んでくれています」

そのベトナムから来た技能実習生たちも、慣れない日本語と格闘しながら、朝礼に参加するようになった。「話の中身はわからないことだらけでしょう（笑）」と斎藤社長。それでも、「成長するためには、まず声と元気を出すことが大切」と見守り続ける。

◆なぜ〝就労困難者〟がイキイキと働けるようになったのか

アップライジングの店舗の印象は、「中古タイヤ専門店」と聞いて一般に連想するイメージとはまったく違う。明るく清潔な店内に入ると、まず目を惹くのは〝ガラス張り〟の社長室だ。広々とした接客エリアにはキッズルームや授乳室、多目的トイレに、無料レンタル会議室、ネイルショップ、店外には無料のレンタサイクルまで揃う。タイヤ交換などでお待たせするお客様に配慮した設備・サービスの充実ぶりは他に類を見ない。極め付きに、業界初⁉の「猫と遊べる猫ルーム」（社長宅とスタッフ宅の飼い猫8匹が随時〝出勤〟している）まで完備した、とことん人に優しい店舗なのである。

しかもそこには、同社スタッフがいかにやりがいを感じて働いているかが透けて見える。業界の常識にとらわれないユニークな店舗づくりのアイデアは、どれも「スタッフがすすんで提案したもの」（斎藤社長）だというのだから。

もっとも、誰もが最初から有能で、仕事への意欲や自主性に溢れる人材だったわけではない。むしろ、逆だ。先述したメンタルヘルス不調者の例を始め、アップライジングは、身体・知的・精神障がい者、元引きこもりにＤＶ被害者、シングルマザー、外国人など、いわゆる〝就労困難者〟を積極的に受け入れてきた。

ある社員は、一流大学出身のエリートビジネスマンだったが、薬物に溺れて道を踏み外した過去を持つ。専門施設での9年に及ぶリハビリ生活を経て入社したその社員が、勤務初日にいきなり、ピット（タイヤ交換などを行なう作業場）で自社トラックの部品を壊してしまった。経歴が経歴だけに、ふつうなら「それ見たことか」と社内からも厳しい声が上がりかねない。もちろん故意ではなかったが、本人も解雇を恐れて、最初は上司への報告をためらったという。しかし観念して正直に話すと、上司は「わざとやったわけじゃないんだから、切り替えて行こう。引きずると次のミスにつながるし、よくない雰囲気が周りにも伝わるから」と言ってミスを許し、こう諭した。

「間違いでやってしまったことなら、社長も、店長も、誰も責めないよ。うちはそういう〝文化〟だから」

そのひと言で、頭ごなしに叱責されクビになるものと消沈していた社員に、やる気のスイッチが入った。「この会社で頑張っていこう」。本気で覚悟を決めたのだ。このとき、上司が口にした〝文化〟とは何か。斎藤社長は「許し、受け入れる文化」だという。

「うちの社訓のひとつに〈自分を許し、他人を許せる人間であれ〉という文言がありす。社訓は創業2年目につくったのですが、なぜこういう文言を入れたのかというと、他でもない、僕自身が他人も、自分自身も許せない、鬼のような人間だったからです」

◆許すことで人は変われる――どん底を経て出会った言葉

斎藤社長は元プロボクサーだ。運命の歯車がひとつ違っていれば、まったく別の世界で、華々しい成功を収めていたかもしれない。地元の作新学院高校、法政大学でボクシング部主将を務め、オリンピック代表候補にも2大会連続（アトランタ、シドニー）で選ばれるほど、アマチュア時代から将来を嘱望されていた。

ところが、大学4年生のときに、最愛の母を病気で失う。その後、大学を中退してプロ入りし、日本タイトルマッチにつながるA級トーナメント決勝戦まで昇り詰めるが、敗退。24歳の若さで引退を決めた。「母親に喜んでもらいたくて、頑張っていたところもあったので…」。一度失われたモチベーションが蘇ることはなかったのだろう。リングを降りた若者にとって、試練はむしろそれからだった。

真面目一辺倒だった父親が多額の負債を抱えてしまう。父は元キックボクシングの東洋チャンピオンで、引退後はとんかつ屋と弁当屋を地道に経営していたが、母の死後に商品先物取引を始めて失敗し、念願だったキックボクシングのジムも、新しく建てた弁当屋の店舗もすべて売却せざるをえなくなった。それらは母の遺産で作ったものだった。

その一件を機に父親を恨むようになり、弟とも対立。さらに斎藤社長自身も、引退後に始めた健康食品関連のネットワークビジネスでつまずいてしまう。一緒になったばかりの現在の妻で専務の奈津美さんと昼夜を問わず働き詰めに働いても、借金は増えるばかり。大勢いた仲間も潮が引くように去っていき、気がつくと、まわりには誰もいなくなっていた。現在のビジネスに直結するリサイクル事業と出会い、どん底を脱してからは一時、父や弟とともに働いたが、商売を巡って諍いが絶えず、再び絶縁状態に。斎藤社長は当時の自分を、他人への恨みや怒りで「鬼の形相をしていた」と振り返る。そんなとき、ある人が言葉を贈ってくれた。

「斎藤君、他人を許すのだよ。他人を許すと、自分の心も緩むから。自分の心が緩むと、体じゅうの筋肉が緩み、病気になりにくくなるから。また、自分の過去の行動・言動から後悔するのをやめて、自分を許すのだよ。自分を許すと、楽になるから」

数々の著作で知られる実業家、斎藤一人氏の言葉だった。この言葉と出会って初めて、斎藤社長は、自分自身を含むすべての人を許そうと思えるようになり、実際に許せるようにもなったという。アップライジングの「許し、受け入れる文化」の原点である。

許すことで人は変われる。自分も変わり、相手も変わる。変わるとは、「成長する」の同義語に他ならない。アップライジングには、その実例がいくつもある。

前述の、薬物依存から更生した元エリートの社員もそのひとりだ。斎藤社長によると、本人は、親から「薬物中毒者は一族の恥だ」といわれて勘当されたことを恨み続け、社会復帰してからも、家族との連絡をずっと絶っていたのだという。ところがある日、朝礼のスピーチでそのことを初めて、会社の仲間に〝笑顔で〟打ち明けた。

「『14年ぶりに実家に連絡してみました』と言うんですよ。残念ながら、お父さんは亡くなっていたけれど、お母さんは許してくれて、14年ぶりに一緒に食事をしてきた、と。あれほど拒んでいた家族ともう一度つながることができたのは、彼自身が成長し、いつの間にか人間力を身につけていたからでしょう。しかも『この会社に入っていなかったら、そういうこともできなかったと思います。自分を変えてくれたアップライジングでずっと頑張っていきたい』と言ってくれて。ものすごくうれしかったですね」

◆〝人間力経営〟にまい進、社員の成長が何よりもうれしいから

アップライジングでは、さまざまな障がいを抱えた社員も明るく元気に、イキイキと働いている。その姿は、健常者と何ら変わらない。障がい者の雇用実績を稼ぐだけの施策ではなく、彼らを本気で受け入れ、ミスや失敗を許しながら成長を促し、かけがえのない戦力として育ててきた、同社の〝人間力経営〟の賜物である。

確立されたプログラムやノウハウは、ない。一人ひとりへの支援が試行錯誤の連続だ。片目に障がいを持つあるスタッフも、最初は失敗ばかりだった。遠近感が掴めないので、簡単な掃除を任されても、備品や商品を落としたり、壊したりしてしまう。これもダメ、あれもできないとなって、最後の最後にチャレンジしたのが輸出用の中古タイヤの仕

分け作業。これがぴたりとはまった。いまでは健常者に勝るとも劣らない、素晴らしい能力を発揮して、会社に貢献している。

施設外就労で同社に通い始め、重要な技術職を担うまでになった知的障がい者もいる。迎え入れた当初は、引き取った中古タイヤを洗ったり、表面に付いた異物を取り除いたりするような簡単な仕事しか任せられないかと、斎藤社長も内心諦めていたが、現場のスタッフから「タイヤを（ホイールから）剥がす作業を試してみては」と声が上がった。

「タイヤやホイールに傷をつけたり、機材を壊したりする心配もありました。それでも、スタッフが『彼ならできる気がするんです』というので任せてみたら、びっくりするほどうまかったんです。やらせてみるまでは全然わからなくて。彼の成長の可能性を、危うく閉ざしてしまうところでした。彼とスタッフに、僕が学ばせてもらったんですよ。タイヤ剥がしは、技術も体力も求められます。でも、彼は1日50本でも、100本でもこなしてしまう。楽しくて仕方ないんですね。仕事がなくなると、社長室まで『タイヤを買ってきて』と言いに来ますから（笑）。23インチのトラックのタイヤまで外せるようになって、筋肉もついた。それをみんなに見せるのが、本人の喜びみたいです（笑）」

できることが見つかれば、やりがいや喜びが生まれ、成長につながる。それが見つかるまで、本人も、周りもとことんチャレンジするのがアップライジングの〝人づくり〟だ。そしてそのチャレンジを可能にしているのが、人を許し、受け入れる文化だろう。

同社の社訓は、次の言葉で締めくくられている。

〈磨け、磨け、自分を磨け。タイヤとホイールと、自分を磨け〉

アップライジングで働くすべての人材が、職業人としてレベルアップするだけでなく、ひとりの人間として成長していく姿を見ることが、斎藤社長は「何よりもうれしい」と言う。

◆家族に誇れる、家族が誇れる――社会貢献活動で会社磨き

しかし最も成長したのは、他でもない、斎藤社長自身かもしれない。

ボクサー時代は「強くなりたい」「有名になりたい」と渇望し、借金に追われたどん底時代や事業を始めた当初は「大金を稼いで人々を見返したい」一心だった。斎藤社長も、「昔は『他人の成長がうれしい』と思えるような人間ではなかった」と振り返る。

利己的なハングリー精神を、どのようにして利他の心へと昇華させていったのか。

「大きなきっかけのひとつは、東日本大震災の際のボランティア体験でした。自分からすすんで行ったわけじゃありません。気仙沼の避難所でラーメンの炊き出しをするという友

人たちに誘われて参加したのです。僕には、体育館から出られないお年寄りに、大きな声でラーメンを配って歩くことぐらいしかできませんでしたが、それでも皆さん、涙を流して喜んでくれて。あるおばあちゃんは『おいしいラーメンを食べられたこともうれしいけれど、あなたがわざわざ栃木から来て声をかけてくれる。その元気な声がうれしいのよ』と言ってくれました。その言葉に衝撃を受けたのです。自分にとって、元気な声を出すのはいつもどおりのことなのに、こんなにも喜んでくれるのかと。生まれて初めて『他人が喜ぶ姿を見るのがうれしい』と、心から思いましたね。このときを境に本当の意味で、他人の喜びが我が喜びへと変わっていったような気がします」

3・11以降、社長個人だけでなく、会社全体としても社会貢献活動に力を入れるようになり、さまざまな取り組みが一気に進み始めた。

冒頭、朝礼の様子を紹介したが、じつはアップライジングの朝の始まりはもっと早い。社会貢献活動の一環として、毎朝欠かさず、地域の通学路で子どもたちの見守りを兼ねた挨拶運動とゴミ拾いを実践しているからだ。イエローハット創業者の鍵山秀三郎氏が立ちあげた「掃除に学ぶ会」が行なうボランティア清掃にも毎回参加し、夏は5時半から、冬場でも6時からJR宇都宮駅前などの清掃にあたっている。これらは自由参加だが、多くのスタッフが自主的に集まる。

「スタッフが駅前清掃に参加すると、『お父さんが働いている会社はいいことをしているんだね』となって、家族も喜ぶし、スタッフ自身も誇らしい気持ちになれます。地域の方々が僕らの活動を見て、スタッフの親御さんに『おたくの息子さん、いい会社に入ったね』なんて言ってくださることもあるんですよ。〝家族に誇れる〟〝家族が誇れる〟——全社員にとって、そういう会社でありたいという思いは強いですね」

他にも、東日本大震災被災地での植樹活動や、栃木県内のプロスポーツ・各種イベントへのスポンサー活動、地域の小中学校での講話、児童養護施設への支援など、社を挙げて知恵を出しあいながら、さまざまな活動に取り組んでいる。

◆物心両面の幸福を追求する道徳経営モデルをアジアへ、世界へ

アップライジングはその経営理念に従い、「CSRを重視した事業活動を通して社会の進歩・発展に貢献し、全社員と同社に関わるすべての人々の物心両面の幸福を追求する」姿勢を貫いてきた。その志はいま、海外へも向けられようとしている。

当面の対象として東南アジア、とくにベトナムを選んだ。以前から途上国支援プロジェクトへの寄附などの活動は行なっていたが、物や金銭だけでなく、物心両面の幸福の実現をどうサポートするか、そのために自分たちは何ができるかを模索、検討し、2015

年から新しいチャレンジをスタートさせた。ベトナム人技能実習生の受け入れである。

ベトナムを含む東南アジア諸国の自動車関連市場は急速に拡大しているが、アップライジングのようなビジネスはまだ少なく、とくに同社の強みであるアルミホイールの修理・再生技術を提供するサービスは皆無といっていい。経済成長が続き、中間層が拡大すれば、次々と新しいものに買い替えるだけでなく、まだ使えるものは修理して再利用するという堅実な消費行動も出てくるだろう。斎藤社長は、中古アルミホイールの修理・再生という新しい事業を通じて、限りある資源を大切に使う心や文化をいち早く当地に伝え、広めていきたいと考えている。そのモデルとなる現地人材を育てるのが、ベトナムから実習生を受け入れる最大の目的だ。

外国人技能実習生制度については、制度の趣旨と実態が乖離《かいり》しているとの批判も多い。企業側が本来の目的である国際貢献ではなく、低賃金の労働力確保のために本制度を乱用するケースが後を絶たず、研修生の中にも技能修得ではなく、たんなる〝出稼ぎ〟として来日するものが目立つ。しかし、アップライジングの取り組みに対して、そうした指摘はあたらない。当のベトナム人実習生の働きぶりを見れば、一目瞭然だ。

「最初は、会社を思うがゆえに、外国人の受け入れに強く反対するスタッフもいました。『日本語も満足にできないのに、ピットに入ってコミュニケーションがとれなかったら、事故が起こりますよ』と。いま、公私ともにベトナム人実習生と一番仲良くして、しょっちゅう飲み会や食事会をやったりしているのが、その反対していたスタッフですからね。彼は、少しでも早く仕事を覚え、技術を吸収しようとカタコトの日本語で一生懸命に質問してくるベトナム人の姿を見て、自分が間違っていたと猛省したそうです。涙を流して、僕に謝ってきました」

斎藤社長は、ベトナム人技能実習生に、技術や知識だけでなく、ましてや働いて稼いだお金だけでもなく、日本の心や文化もいっしょに祖国へ持ち帰ってほしいと願っている。成長著しい新興国では、ともすると利益至上主義や拝金主義が蔓延し、健全な資本主義の発達を歪めかねない。実習生が、「はたらくとは傍《はた》を楽《らく》にすること」と考える日本人本来の勤労意識に触れたり、人と環境に優しく、自社の儲けよりも公益を、目先の成功よりも持続的な成長を重んじる日本型道徳経営の精神を学んだりすることは、制度本来の目的に照らしても、きわめて大きな意味があるといえるのだ。

「技能実習生に日本の技術と心をちゃんと持ち帰ってもらうためにも、当社では、彼らが日本人とともにイキイキと働ける職場づくりを心がけています。朝礼はもちろん、毎朝の挨拶運動やゴミ拾いにも自主的に参加して、『社長、ベトナムに帰ってからも、こういう活動をやりますよ』と言ってくれる。ぜひ、そうしてほしいですね」

彼らの帰国後の活躍の場についても、すでに用意が進められている。19年春までには、同社初の海外店舗として「アップライジング・ベトナム」が開設される予定だ。

可能性豊かな新興国市場の沃野に、元気で明るい〝人間力経営〟のタネを蒔き、根づかせることができれば、やがて人も事業もスクスクと成長し、大輪の花を咲かせるだろう。それはきっと、異国の空の下でもどこか日本を思わせる、優しい色の花に違いない。

人が本来持つ力を引き出す 上司も部下も理念もないティール型組織運営

ダイヤモンドメディア株式会社（東京都港区）

◇本家アメリカより先んじていた「ティール型組織運営」の発見

第3回ホワイト企業大賞を受賞したダイヤモンドメディア株式会社は、不動産流通業界向けにWebソリューションを提供する「不動産テクノロジーカンパニー」という、専門性の高いBtoB企業でありながら、業種・業界を超えて広くその存在を知られている。「ホラクラシー経営・ティール型組織運営を実践する企業」として、独特の経営手法や会社組織のあり方そのものに、多くのビジネスパーソンの関心が集まっているからだ。

アパレル関連EC大手のザッポスや、シェアリングエコノミーを代表する民泊仲介サービスのAirbnbなど、欧米の先進企業が導入・実践していることで有名な「ホラクラシー経営」は、米国の起業家ブライアン・ロバートソンが提唱した理論にもとづく、革新的な組織マネジメントシステムである。ホラクラシーやティール型組織とは、従来の中央集権型・階層型のヒエラルキー組織に相対する、真にフラットな組織形態を示す概念で、そこには上司・部下のヒエラルキーや、雇う・雇われるといった主従関係は存在しない。階級も役職もなく、あるのは役割分担のみ。組織を細かく分け、最適なところに最適な意思決定・実行を行なわせることで自律・自走的に統治していく――。それがホラクラシー経営やティール型組織運営の要諦といわれる。

ダイヤモンドメディアも、端的にいうと〝上下関係がない会社〟である。その意味で、「日本におけるホラクラシー・ティール型組織運営の草分け」とよく紹介されるが、しかしそうした表現は半分正しく、半分は不正確といえるかもしれない。共同創業者で、現・代表取締役の武井浩三さんによると、同社は「ホラクラシー」や「ティール」という言葉が世に出る前から、すでに独自の取り組みを始めていた。その思想が、結果的にホラクラシーやティールと共通していたのである。

「僕たちが『当社はホラクラシー経営を実践しています』と、対外的に言い始めたのは2015年頃です。以前からずっと、似たような取り組みや組織づくりを続けてきてはいたのですが、そこへたまたまアメリカからホラクラシーやティールという目新しい言葉が入ってきた。これは乗っかるしかない、ということで乗っかったら、途端に僕のブログのアクセス数が10倍に跳ね上がっちゃったんですよ（笑）」というのが実情のようだ。

アメリカ発の理論に直接ならうのではなく、武井代表らが独自に模索・追求してきた、いわば〝ダイヤモンドメディア流のティール型組織運営〟とは、一体どういうものなのか。どのようにして生まれ、磨き込まれてきたのだろうか。

◆誰もがノビノビと働ける、自然の摂理に則った組織を目指して

創業は10年前の２００７年にさかのぼる。現在でこそ、「上司・部下の概念を排除する」「リーダーシップは自然発生に任せる」「給料はオープン、合議と相場で決定する」など、ティール型組織的色彩の濃いしくみが幾つも整い、機能しているが、当初は「自然の摂理に則った組織をつくる」という漠然とした理想だけがある状態だったという。「とりあえずやってみようと走り出し、実際のさまざまな課題に対処していく中で、徐々にいまの形ができあがっていきました」と武井代表は振り返る。

ダイヤモンドメディアの「自然の摂理に則った組織づくり」――。それは喩えるならば、農業における「自然農法」や「自然栽培」のようなイメージだと考えていい。「不耕起（農地を耕さない）・不除草（除草しない）・不施肥（肥料を与えない）・無農薬（農薬を使わない）」を特徴とする自然農法を提唱した農学者の福岡正信さんや、不

可能と言われていた無農薬・無施肥のリンゴ栽培に成功した『奇跡のリンゴ』の木村秋則さん。ああいった方々の取り組みとうちの組織づくりは、分野こそ異なるものの、考え方の点ですごく通じるところがあるんですよ。耕したり、肥料を入れたり、従来の農業でよかれと思ってやっていることは、かえって自然の摂理を妨げている。自然農法は何もしません。何もしないかわりに、邪魔もしない。自然の邪魔さえしなければ、土は勝手に肥えるし、作物も本来の生命力を発揮して、ノビノビと健やかに育つようになっているのです。人も同じで、要はほったらかしが一番いい。だから、当社には人をあえて育てたり、やる気にさせたりするしくみは一切ありません。教育制度も、モチベーション管理の施策もない。学びたければ聞けばいい、教えたければ教えればいいと、すべて現場の必要性・必然性に委ねているのです。会社が手を出さなくても、成長する人は自然と成長しますからね」

会社として、全社員に成長を押し付けることはしないかわりに、成長しようとする人のやる気や自由な意思を邪魔するものは徹底的に取り除いていく。その排除すべき阻害要因こそが、縦社会のヒエラルキーによる一方的な管理であり、それにともなう理不尽な権力構造や情報の不透明さなのだと、武井代表は強調する。

働きたい人が自由にノビノビと働ける――「自然の摂理に則った組織づくり」を目指す

同社が、ティールという言葉を知る前からティール型組織運営に取り組んでいたことは、なるほど、必然といえるだろう。

◆ブラックな業界の流通構造に〝ブルーオーシャン〟を見出した

冒頭で述べたとおり、ダイヤモンドメディアの事業フィールドは不動産賃貸業界にある。ティール型組織という同社の経営手法がそうであるように、そのビジネスモデルもまた斬新かつ独創的で、業界内では他に類を見ない。

不動産賃貸業界の流通構造は、最上流にあたる不動産オーナーから始まり、管理会社、仲介会社を経て部屋探しをするエンドユーザーへとつながっていくが、近年は仲介業者とエンドユーザーとの間に、「ポータルサイト」と呼ばれるメディアが介在するのが一般的である。テレビCMでよく見かける、「HOME'S」「at home」「SUUMO」といった〝部屋探しサイト〟がそれにあたる。つまり、流通構造の最下流では、情報化、IT化が進んでいるわけだ。事実、不動産IT市場といえば、先述の3社がその大半を占めており、こうしたポータルサイトが広まったおかげで、エンドユーザーの利便性は格段に向上した。

それまでは一般消費者にとって、賃貸市場に関する情報は半ば〝ブラックボックス〟と化していた。部屋選びの際には、仲介会社から一方的に与えられる情報に頼るしかなく、比較・検討する余地は少なかった。不透明な流通構造の陰で暴利をむさぼる業者の存在も指摘されたが、現在、少なくとも仲介会社とエンドユーザーとの間においては、かつてのような理不尽な情報の格差や非対称性はほとんど見られない。ＩＴ化の賜物である。

しかし一方で、流通構造の上流部は依然として情報化、ＩＴ化が進んでいない。そこに着目したのがダイヤモンドメディアだった。同社は、仲介会社向けのマーケティングシステムを始め、管理会社の入居者募集業務などを支援するプロセスマネジメントシステムやオーナー向けの不動産資産管理サービスといった、上流部をターゲットとするＷｅｂサービスを次々と開発・提供。業界内でオンリーワンのビジネスモデルを確立するに至ったのである。

こうしたイノベーティブなビジネスモデルも、じつはティール型組織運営の理想とつながっている。「自然の摂理に則ったことしかしない、したくない」という、武井代表の起業家としての視点は、事業を構想する際にも一切ぶれることがないからだ。

「そもそも生物は、好き好んで他の種と競争したり、シェアを奪いに行ったりしません。自然界には競争戦略も、成長戦略もない。生存戦略があるだけなんですね。そうした観点から事業をとらえ、社会・経済システムという生態系の中で、どこへ行けば競争をしなくてすむのか、生き残れる確率が高いのか、自分たちにしか担えない役割はどこにあるのかと探していったら、いつの間にか〝ブルーオーシャン〟に辿りついていた、と。そんな感じなんですよ。もうひとつ、ティール型組織との関連でいうと、従来のヒエラルキー型組織に、排除すべき不透明さや理不尽さがあるように、伝統的な不動産業界の流通構造にもそれがある。そこを何とか是正したい、解決したいという思いは強いですね」

◆精神論に頼らず、『みんなが幸せになれる会社』をシステムでつくる

こうして立ち上げられたダイヤモンドメディアは、現在、33歳の武井代表にとって、じつは2社目の起業となる。もともとミュージシャンを夢見ていた武井代表は、高校時代から音楽活動に打ち込み、バンド大会での受賞歴やCDデビューの経験を持つ。19歳のときに音楽留学で米・ロサンゼルスへ渡り、帰国後、22歳で最初の起業を果たしたが、経営不振からわずか1年でその会社を手放すことになってしまった。

「その挫折が転機になったことは間違いありません。何の社会経験もないまま、僕自身のエゴで友人たちを巻き込み、彼らにまで借金を背負わせてつくった会社を、やはり自分のエゴであっという間に潰してしまったのですから。仲間のひとりは通っていた大学を辞め、もうひとりは超一流企業のキャリアを捨ててまで手伝ってくれたのに、そんな彼らの

人生を僕がめちゃくちゃにしてしまった……。『会社とは何か、組織のあるべき姿とは何か』と、本気で深く考えるようになったのはそこからですね」

経営やビジネスに関するあらゆる書物を渉猟し、海外企業の事例にもヒントはないかと探し求める日々。武井代表がとりわけ強い感銘を受けたのが、『経営の未来』（ゲイリー・ハメル著）、『非常識経営の夜明け』（天外伺朗著）、ブラジルで学生に最も人気の高い企業であるセムコ社のＣＥＯが著した『奇跡の経営』（リカルド・セムラー著）の３冊だったという。共通項が浮かび上がり、そこに会社のあるべき姿が見えてきたのだ。

「結局は『メンバー・顧客を含め、関わる人全員が幸せである』ことに尽きる、と思い至ったわけです。しかし、僕自身がどれだけ人間性を磨いたり、人徳を積んだりしても、そういう会社のあり方を、創業者ひとりのリーダーシップだけで追求していったら、僕がいなくなったときには、そういう会社でなくなってしまう可能性が高いでしょう。だから、精神論に頼るのではなく、『みんなが幸せになれる会社』をシステム化して回していけないものかと。そう考えて、日々のオペレーションから組織設計、査定や採用などの制度設計まで、具体的な経営システムを実際に構築してきました。近年、ティール型組織の企業は徐々に増えていますが、概念や考え方だけでなく、ティールを具体的なしくみにまで落とし込んで組織化している企業は、グローバルで見ても、当社以外にほとんどありません」

その具体的なしくみとはどういうものなのか。柱となる特徴は次の①〜③である。

① 情報の透明性・対称性

② 労使・権力の消失

③ 報酬・人事システムの確立

ダイヤモンドメディアのティール型組織運営は、まさにこの3点において、先述のブライアン・ロバートソンが提唱するアメリカ型のホラクラシーと異なり、より進化した独自の組織デザインを実現しているといってよい。

メンバー全員が幸せでいるためには、「何かを一方的に決められて命令されたり、強制されたりすることなく、誰もが自由にノビノビと働ける環境」が何よりも重要だと、武井代表は考えた。そうした組織づくりの大前提としてまず取り組んだのが、会社のすべてをガラス張りにして、メンバー間の情報格差を失くすこと。すなわち、**①の情報の透明性・対称性**を担保することである。ダイヤモンドメディアでは、社内の定量的データと定性的データを可能なかぎりデータベース化し、可視化させてきた。情報の透明性こそ、組織の健全性そのものだからである。

「このことについて、ブライアン・ロバートソンは言及していません。**②の労使・権力の消失**についても、そこまで踏み込んでいないんですよ。アメリカ型のホラクラシーはそもそも、『ボス（上司）がいかに部下をイキイキ働かせるか』という視点でつくられていますから。僕たちは、上司と部下という関係そのものを壊してきた。そこは大きく違います。ただ、古い労使の関係や肩書を失くしても、給料のしくみが旧態依然なままでは機能しません。特定の誰かが権限を握ってみんなの報酬を決めるのではなく、開かれた〝市場〟のようなしくみで、全体の納得感を醸成しながら、給料の〝相場〟が適切に形成されていくようにしたい。それが、**③の報酬・人事システムの確立**ということです。当社でも9年間かけていろいろと試行錯誤しましたが、ようやく落ち着いてきました」

◆組織図がない、上司も決裁権もない、意思決定は〝その場〟で

ダイヤモンドメディアでは、独自のティール型組織運営を構成する3つの柱を、具体的な制度やしくみに落とし込んで実践している。トライ&エラーの繰り返しで、始めたものの効果が上がらず、廃したものも少なくない。そのさまざまな取り組みの一部を、「人事・組織」「金銭・財務」「働き方」に分けてまとめたのが次の表である。

■ ダイヤモンドメディアのホラクラシー・ティール型組織的取り組み

人事・組織	金銭・財務	働き方
上司部下、階層がない	財務情報は全て公開	働く時間自由
肩書は自分で決める	給与もオープン	働く場所自由
給与はみんなで決める	インセンティブなし	休み自由
社長役員は毎年選挙	職務給・職能給なし	命令なし
明文化した理念がない	実力給という普遍的給与	雇う雇われるを放棄
経営計画がない	賞与の査定はなし	副業・起業推奨
経営管理組合が株式の70%を保有	経費精算は個人の裁量	社内外ボーダーレス

「人事・組織」の面でまず特筆すべきは、いわゆる〝組織図〟が存在しないことだろう。ビジネスモデルを効率よく回していくために専門機能を最適化した、ファンクショナルな意味での組織デザインは存在するが、誰がどのラインに属すのか、誰が上司で誰が部下かというような、従来のヒエラルキー型組織に見られる、人事的な意味での管理体制や指揮命令系統には縛られないということである。

したがって、メンバーが部署をまたいで仕事をしたり、採用やイベントなど個別のプロジェクトに参加したり、あるいはマネジメントと現場を兼業したりといったことが、同社では日常茶飯だ。「チームや会社が求めている役割を各人が嗅ぎ取りながら、自分の能力を自由に最大限発揮することで貢献すればいい」と、武井代表は言う。

いくら個人の能力が高くても、具体的な役割として組織に必要とされなければ、それをノビノビと活かすことはできない。そのミスマッチを解消するために、同社ではとくに、現場での日々のコミュニケーション（ディスカッションとリフレクション）を大切にしている。各人が、仲間とのなにげない雑談の中から、自らの強みを最大限に発揮できる機会やポジションを感じ取ろうとしているのだ。仕事を与えてくれる上司の存在がなくても、効率性と柔軟性を両立させたマネジメントが機能しているゆえんである。

同社には、人事的な組織図がなく、稟議や決裁権もないため、意思決定は〝その場〟で行なわれるのが普通である。そして、その意思決定を導き出すリーダーや責任者的な役割を担う人もチーム内からの〝自然発生〟に委ねられている。「ホラクラシーはホラクラシーであって、デモクラシーではない」（武井代表）からだ。

「多数決で物事を決めていくのがデモクラシーの基本じゃないですか。かつては僕たちもフェアな会社をつくりたくて、多数決による意思決定にこだわっていたのですが、やればやるほど、現場から健全なリーダーシップが失われて、会社が悪くなっていったんです。考えてみれば、無理もありません。多数決は多数意見を取って、少数意見を捨てるしくみですが、本来、リーダーシップは絶対的な少数意見。多数決になじむはずがないのです。仲間の多くが道を誤りそうなときにこそ、ひとり敢然と『いや、こっちだ！』と旗を振れるのが、真のリーダーシップなんですから。もちろん、みんなの意見をすくいあげることは重要ですが、うちは決して多数決には頼りません。意思決定の権限と責任を組織全体に細かく分散させているからこそ、その場、その場で自然発生的にリーダーが現れ、物事が迅速に決まっていく。それが、ホラクラシーのあるべき姿だと思っています」

同社では、意思決定の大半が現場で行なわれる一方で、これだけは会社全体で話し合って決めるというテーマがふたつあるという。ひとつは代表と役員の選出、もうひとつは給与を含む、会社の経費の使い道だ。

代表と役員については、流動性を保つために毎年、選挙を実施しているが、「多数決に頼らない」原則から、投票の結果のみをもって決定としない。投票を通じて全員の意見を集めた上で、その結果を再度全員で共有し、ディスカッションを重ねる。重視されるのは合議の内容や結果ではなく、情報を組織内に繰り返し循環させ、意思と意思を丁寧にすり合わせるプロセスだ。各人が意思決定のプロセスに充分コミットできるしくみがあれば、仮に自分の意思に反する結果が出ても、納得感や当事者意識が高まりやすい。武井代表によれば、「この循環のプロセスを〝2回転〟させると、納得感と合理性がバランスよく着地する」ことが、経験的にわかったという。

◆給与は相場に委ねる⁉　「お金のために仕事をしない環境」とは

上司による査定や人事考課がないので、給与も同様のプロセスを通じ、メンバー全員の合議で決めている。会社にとって、給与は「お金の使い道」のひとつでしかなく、そもそも会社全体の状況を見なければ、個人の給与を決めることはできないと考えるからだ。また、重要なのは、給与額が多いかどうかではなく、適正か否かである。そこで同社では半年に一度、「お金の使い方会議」を実施。人材採用や設備投資など他のさまざまな「お金の使い道」との兼ね合いを考慮しながら、自分たちで社内の〝給与相場を整える〟という取り組みを実践している。この相場に応じて、個々の給与額が決まるのだ。会議を行ない、その結果をフィードバックして、再度会議にかける。自他の給与に対するメンバー相互の納得感を醸成するために、ここでも循環のプロセスを2回転させている。

とはいえ、ただ相場に委ねるだけでは、株式市場と同じで〝給料バブル〟が起こりかねない。現に、同社でも2度発生し、ふくらんだ人件費が経営を圧迫した。その反省から、「お金の使い方会議」で相場を適正に整えるための、3つのガイドラインを定めている。

ガイドラインの第一は、「客観的なデータや事実を明らかにする」ことだ。健全な給

■ ダイヤモンドメディアの給与制度

ベーシックインカム		ライフフェーズに適応				変動給（自分で決める）
基本給	住居手当 通勤手当	勤続給	年齢手当	子供手当	その他手当（慶弔等）	実力給
21万円		2500円 ~1万円	25歳以上 1~4万円	2~5万円	規定あり	2万円~

上記に加え、年2回の賞与（各0.5ヵ月分）
平均年収は約510万円
賞与額は、基本給＋実力給に基いて自動計算（割合で算出）※2018年4月現在

与相場を形成するためには、メンバー個々の人材としての市場価値や、担当している仕事を外注した場合にいくらかかるかといった、議論の材料となる客観的データが欠かせない。第二は「共有資産への貢献を見る」こと。チームや仲間、ビジネスモデル、会社のしくみなどを〝共有資産〟と捉え、それらに対する数値化しにくい貢献も公正に評価することが求められる。そしてもう一点、「相場を崩すモノを考慮しない」ことが大切だという。

「将来への期待値や自己評価、一定期間内での成果、業務内容の変化などを考慮すると、相場が崩れてしまうことが分かったんです。それらを一切加味せず、単純にメンバー間の給与の格差だけを見て、それが適正かどうかを検討し、金額を調整しています」

ダイヤモンドメディアの賃金体系は上表のとおり。

このうち、表の右端の「実力給」が社内の給与相場

にさらされて変動する部分となる。基本給と実力給以外では、年齢手当や子供手当など、ライフフェーズに応じた各種手当が厚めに設計されているのが特徴だ。

一方で、インセンティブや業績連動給は存在しない。賞与も半年に一度支給されるが、賞与のための査定はなく、金額は一律で（基本給＋実力給）×0.5カ月分となっている。個人の業務・業績と報酬が直接結び付くと、仲間の手助けや縁の下の力持ち的な役割などお金にならない仕事を、誰もやりたがらなくなってしまう。仕事とお金をあえて連動させないことで、〝お金のために仕事をしない〟健全な環境をつくろうとしているのだ。とはいえ、もっと稼ぎたい、稼ぐ自信があるという人もいるのではないか。

「うちは小さな会社なので、人によっては、すごく能力があるのにそれを活かしきれないということもあるでしょう。しかし、そのあり余っている分の能力にまで、対価を支払うことはしない」と武井代表。だから、同社では副業・起業もＯＫ、むしろ推奨している。社内で消化しきれない分は、社外で発揮してほしいという考えなのだ。

◆理念はあるが明文化しない、〝いい仕事〟こそが理念の発露

誰もがノビノビと働ける、そして幸せになれる――。独自のティール型組織運営を実践するダイヤモンドメディアはまさしくホワイト企業の名に相応しいが、そんな会社でも、否、そんな会社だからこそ、タイプによっては〝生き残れない〟人も出てくるという。

「うちでは、ズルをしようとする人は残れません。合わないんですよ」

武井代表は、〝ズル〟を組織内における「エゴの暴走」と言い換える。これまで多くの企業で、そのエゴの暴走を許し、むしろ誘発してきた原因は、従来のヒエラルキーによる一方的な管理であり、それにともなう理不尽な権力構造や情報の不透明さにあった。ティール型組織では、仕事の流れもカネの流れもすべて可視化し、情報の透明性を担保しているので、不正やごまかし、権力の濫用は起こりえない。上下関係や「雇う・雇われる」の関係もないので、不当な指示・命令を強いられない半面、自分で自分の強みを活かせるポジションを見つけて組織に貢献することが求められる。俗に言う〝ぶら下がり社員〟でいることはできないのだ。また、個人の成果と報酬が連動しないシステムには、チームや仲間への貢献よりも自分の手柄を優先するような、エゴの暴走を抑止する効果が大きい。意識や考え方だけでなく、「ズルを許さない」システムが整っているのである。

「ダイヤモンドメディアは、他の多くの企業が当たり前のように持っているものを疑い、

どんどん捨ててきました」――。武井代表は、10年の歩みをあらためてこう振り返る。

「上司もない、教育制度もない、賞与の査定もインセンティブもない。じつは経営計画や経営理念さえ決めていないんですよ。それも、決めた人間のエゴに過ぎないと考えるからです。組織は本来、自然の法則に支配される生き物であり、構造が複雑すぎるので、先の動きを予測することなどできない。予測できないのに、理念や計画で『かくあるべし』と枠にはめてしまうと、必ずどこかに無理が生じたり、歪みが出たりして長続きしないし、働いているメンバーも幸せになれないでしょう。しかし、だからといって、当社に理念がないわけではありません。そもそも理念は〝念〟だから、言葉にはできない。言葉にできないものをどう表現するかと言えば、僕らは仕事で表現するしかないわけです。僕たちの理念とは、すなわち僕たちの仕事そのもの。ティール型組織の環境下でともに働くことが、仲間とそれを共有できる唯一の方法だと信じています」

3章

小森谷浩志
経営コンサルタント、経営学博士、株式会社ENSOU代表取締役

これまでの経営学 これからの経営学

今までの経営学では行き詰まりを見せている現代。
これからの経営のあり方はどうあるべきか。新しい時代へ向けて、
過去と現在、そして未来の企業の進むべき方向性に向けて、
これからの経営学を提案する。

第1節　経営学とはどんな学問か

経営学は、「より良い経営を上手にするため」に生まれた学問です。ただ現在、経営学がより良い経営に寄与できているかというと大いに疑問があります。また、より良い経営という〝在り方〟そのものよりも、上手にするための〝手法〟に力点が置かれ過ぎているように思います。

企業の現場に目をやると、短期利益を執拗に求められ形だけのビジョンしか描けない経営者、コンプライアンス過多で過剰防御のための説明責任に追われる役員、実行されない3カ年経営計画を毎年作り続ける経営企画担当、部署内のことに精一杯で部署間連携や全体的視野に基づいた仕事に手つかずのマネジャー、売り上げやノルマに追われ長労働時間で身も心も疲弊し切った営業担当、早期の製品化と利益化を課せられワクワク感とは程遠い研究担当等などが多く見受けられます。

もちろん、経営学は経営を悪くしようとして生まれたものではありませんが、時代が流れ、大きな変化のただなかで、これまでの伝統的な経営学の考え方が通用しなくなっています。時代に合わせ経営学も大きく変わる必要があると考えます。もしかしたら経営学という枠組み自体、既に意味がないのかも知れません。それではどのように変わったら良いのでしょうか。

ホワイト企業大賞や日々のコンサルティング活動などで、「より良い経営を上手に」している組織や会社と接するに、今まで常識とされた経営学の枠組みにはおさまらない経営をしていることが分かってきました。ここで言うより良い経営とは、ホワイト企業大賞の定義に従えば、「社員の幸せ、働きがい、社会貢献」の3点が充たされている経営ということになります。

本章では、「これまでの経営学」を振り返るとともに、萌芽としての、これからの経営学について、一体何がポイントとなるのか提示していきます。

◆経営学の出発点「テーラーイズム」

諸説あるものの、1911年フレデリック・W・テーラー[※1]の『科学的管理法』が経営学の出発点です。なぜ、100年以上も前の話をするかと言いますと、未だに、われわれは、テーラーの考え方に大変強い影響を受けているからなのです。「現代組織のほとん

※1　弁護士の子どもとして1856年アメリカ東部のフィラデルフィアに生まれた。父母はクエーカーとピューリタンで怠惰を嫌うピューリタン的な勤労観を身につけたといわれる。アメリカ機械技師協会(ASME)の活動や当時の能率増進運動を集大成し、理論的に体系化した。今日では「科学的管理法の父(the father of scientific management)」と呼ばれている。

どは、1900年代初期に描き上げられて以来、たいして修正されていない基本設計図に基づいて構築されている」と指摘するのは、究極の脱管理組織「ホラクラシー経営」の指導者ブライアン・J・ロバートソンです。

1900年初頭、産業革命が起きました。産業革命の大きなポイントのひとつは動力革命、具体的には蒸気機関です。遠距離へ、短時間で大量の資材の運搬と人の移動を可能にしました。また、自由に移動する労働者の存在を必要とします。これを可能にしたのが市民革命です。市民革命によって、土地や共同体に縛られていた人々は解放されました。産業革命と市民革命によって、市民が労働者となり、労働者が同時に消費者となりました。土地をベースとする農業から、資本をベースとする工業へ経済基盤が移行し「資本主義」社会が登場します。一方で当時、巨大資本が台頭し、大きな問題になったのが労使対立の激化でした。組織的怠業（意図的な怠けのことで、集団での生産ラインのスピード低下、無断欠勤や妨害工作などがある）が蔓延しました。

そんな時代背景を受けて、テーラーはそれまでの成り行き管理に対して客観的で実証的な管理方法を提唱しました。テーラーイズムの基礎は、構想労働と実行労働の分離、考える人と行なう人をはっきりと分けることにあります。考えることは経営者の務め、現場作業は労働者の務め、マネジメントとは、「労働者にもっと作業をさせること」という考えが土台にあります。

テーラーイズムは、管理問題を浮き彫りにし、解決に向け分析的・理論的に取り組みました。テーラーがやったことは主にふたつありました。作業条件の工夫と賃金制度の改定です。まず課業（task）を明確にし、課業を一流工員の水準に設定しました。専門化とマニュアル制度の走りです。そして課業を達成した人としなかった人の賃金に差をつけました。目標管理制度、成果主義の走りです。こうしてみると、専門化、マニュアル化、目標管理制度、成果主義とテーラーイズムは今なおわれわれにとても大きな影響を及ぼしていることが分かります。

◆経営学の系譜

影響度の大きさから、ここまで経営学の出発点、テーラーイズムを見てきました。次に、経営学の系譜をポイントに絞って概観しておきたいと思います。経営学ももちろんテーラーで止まっているわけではありません。なお、ここでは、主に組織論の背景にある人間モデルの観点からたどっていきます。

テーラーの伝統的組織論では、人間を給与・労働条件など経済的報酬で動機づけられる「経済人モデル」です。この後、１９３０年代にアメリカのシカゴ郊外の工場で、ハーバード大学のエルトン・メイヨーによって作業員の作業効率についての調査「ホーソン実験」が行なわれます。ここでテーラーイズムを揺るがす結論が見いだされます。人間は経済的動機ではなく社会的動機、つまり人間関係によって動くことが見出されます。合理的ではなく感情的で、打算的ではなく献身的な「社会人モデル」としての人間観が浮き彫りにされます。

その後、「モラール（集団レベルの勤労意欲）」から「モチベーション（個人レベルの勤労意欲）」へ考察を進める中で、心理学者アブラハム・マズローの「欲求段階説」、MIT大学教授のダグラス・マクレガーの「X理論・Y理論」に見られる「自己実現人モデル」へと移行します。マクレガーは1950年代にアメリカで働く管理職を調査、働く動機に対照的なふたつ（X：経済的報酬、Y：自己実現）があることを発見します。「社会人」が仲間に受け入れられるかを気にかける感情的で環境に左右される他律的な存在であったのに対し、自ら成長を求める自律した人間観です。

続いて、電話会社の経営者であり、経営学者のチェスター・バーナードの「近代組織論」が登場します。自律した人間観に加え、「自己実現人モデル」との違いは、心理的・内的動機ばかりではなく、社会的側面や制約された合理性も認め、自由意志と責任を持つ「全人」仮説にたどりつきます。伝統的組織論では、内部と外部を切り離して、内部管理だけを優先させる立ち位置でしたが、組織を内部と外部の相互関連性も考慮するオープンシステムとして捉え、その後の経営戦略論への布石ともなります。バーナードの後継者の認知心理学者ハーバード・サイモンは、制約された情報、判断力の限界に着目、その中での合理的な意思決定の必要性を主張しました。「経営人モデル」の仮説に立ちます。

ここまで経済人↓社会人↓自己実現人↓経営人と進展を見てきました。より後から出てきたモデルの方が進化しているようにも思えます。しかし、現実を見ると経済的報酬、職場の人間関係、仕事を通じた自己実現、合理的な意思決定、どれに重きを置くかは人それぞれでしょうし、同じ人でも時期や状況によって変わることもあるでしょう。そうした多様性を捉えたモデルがMITスローン経営大学院名誉教授エドガー・シャインの「複雑人モデル」です。一見、何でもありで何も言ってないと思えるかも知れませんが、ポイントは、個別の人それぞれの特性に着目することの重要性です。シャインは、1900年代後半には、クライアントに専門知識で処方箋を与える一般的なコンサルティングに対して、「プロセス・コンサルテーション」という支援的関わりを提唱します。クライアントのことを知らないことを自覚し、クライアントが求めていることを知るプロセスを大切にする関係性の実践哲学です。唯一絶対の正解モデルがあるのではなく、状況の変化

図1　経営学における人間観の分類

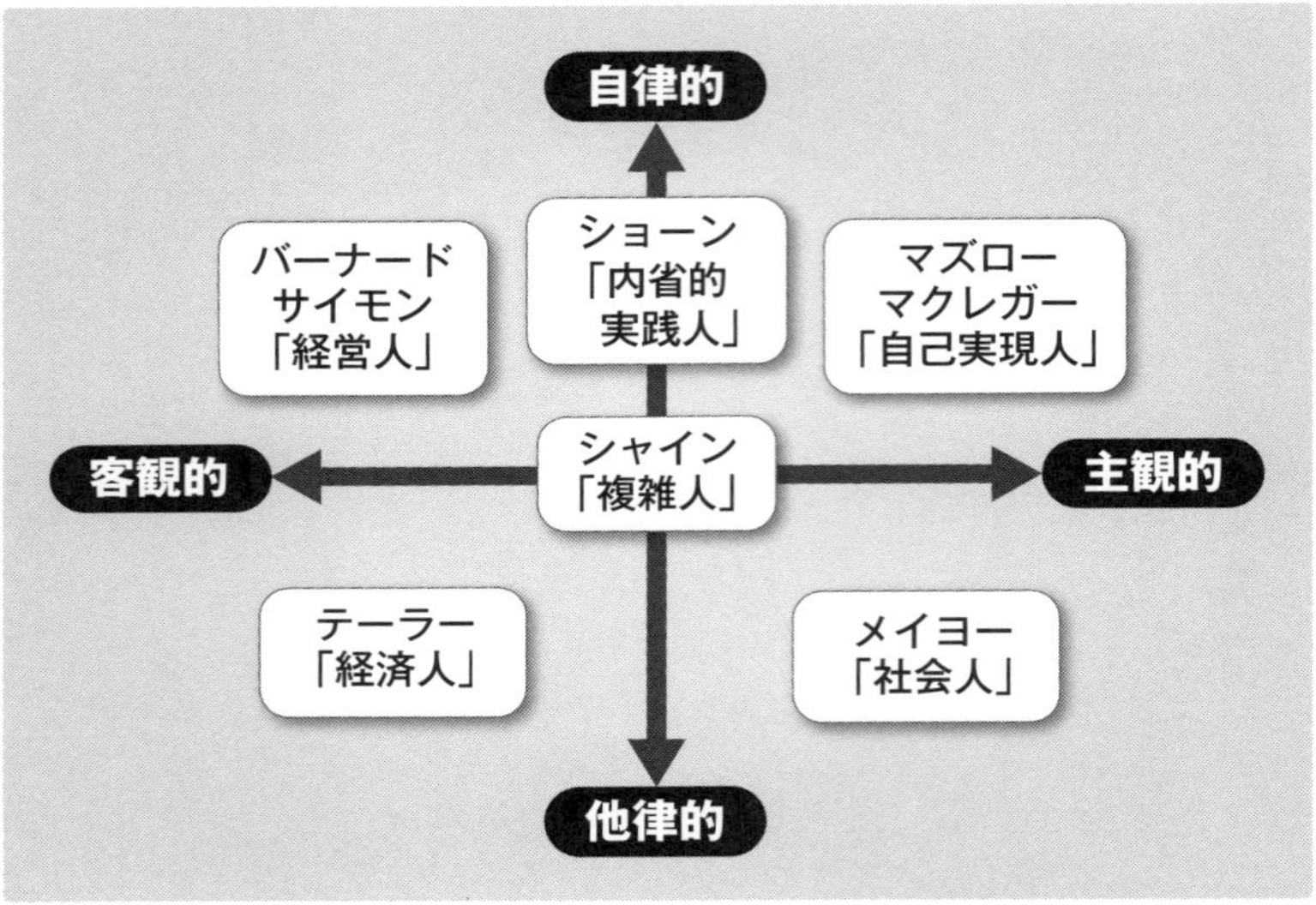

『週イチ・30分の習慣でよみがえる職場』より引用

や揺らぎに対して常に感覚を研ぎ澄ませ、「無知の知」を前提にした動的洞察が考え方の中核に据えられます。動的な洞察という共通点をもつモデルとして組織学習理論の第一人者ドナルド・ショーンの「内省的実践人」があります。実践をして、その経験を深く考えて次の実践に活かしていく、思慮深い実践家の成長モデルです。

ここまで組織論の人間観の観点から経営学をたどってきました。自律的（能動）なのか、他律的（受け身）なのか、客観的（合理）なのか主観的（感情）なのかという2軸で考えると、図1のように整理できます。

組織論は組織内部を見ていく分野ですが、1960年代に入って外部を見ていく経営戦略論が注目されるようになっていきます。環境変化が激しくなって組織の内部管理だけをうまくやっても、外部環境の変化に対応できないことが問題になってきたからです。アメリカの大手企業デュポンやGMを調べ、「組織構造は戦略に従う」の言葉で有名な経営史学者アルフレッド・チャンドラー、日常業務の管理だけでなく長期的展望に立つことの必要性を示した経営学者イゴール・アンゾフのふたりが始まりです。1980年代になってハーバード大学経営大学院教授マイケル・ポーターがそれまで記述的だった戦略論を構造化します。人の観点からすると、経営戦略に即した「人的資源」の活用に主眼が移ります。

これより前、1950年代以降、行動科学が発達すると、効率主義的な企業目標以外に、内的な人生観や価値観に根ざした個人的目標の重要性が高まります。そこで登場したのが、「人的資源管理（human resource management）」という考え方です。経営のために必要な資源、ヒト、モノ、カネ、チエのうちで、ヒトを最も重要な資源と捉えます。職務を分析、職務規定書による管理や賃金制度によって刺激するのではなく、個人に即したキャリア開発と人材・組織開発を通じた、個人と組織の成長に主眼が置かれます。４つの経営資源は下記の通りです。

ヒト（人的資源）経営者や社員
モノ（物的資源）原材料や機械設備、サービス業の場合は店舗
カネ（資金）現金、借入金などさまざまな資金
チエ（情報資源）技術・特許などの知的所有権、信用力、ブランド力

ここで、経営学のこれからのあり方を思い描くために「資源」という言葉を注意深く見てみましょう。例えば２００９年に出版された『リフレクティブ・マネジャー』には次のような記述があります。

企業人材育成とは、究極のところ「企業の利潤追求のため」に存在する。経営という視点で見れば、人材育成は「経営資源」のひとつであり、成果を増大させるための手段である。

人材育成が「資源」のひとつとして語られ、企業の目的は「利潤追求」です。これ

までの経営学の系譜、日常のビジネス感覚からも、一見当たり前のことのようにも思えます。しかし、人材育成が利潤追求のための資源だとすると、人という存在は、どう捉えられるのでしょうか。

マギル大学クレグホーン寄附講座教授ヘンリー・ミンツバーグ[※2]は29名の様々なマネジャーの日々を観察した２００９年（邦訳２０１１年）発表の研究において「資源」という言葉について大変重要な指摘をしています。

何らかのものを「資源」とみなす場合は、そのものを「データー」として（たいてい数字の形で）扱うことを意味する。その方が管理しやすいからだ。従業員を「人的資源」と呼べば、従業員を人間というより、数字として扱うことになる。言い換えれば、その人たちの存在全体（whole selves）ではなく、労働力というひとつの側面にだけ着目する結果を招く。（『Managing（マネジャーの実像）』）

人的資源管理（ＨＲＭ）では、確かに４つの資源のうちでヒトを最上位に置いていま

※2　経営思想界のアカデミー賞 Thinkers 50 で３人目となる生涯功績賞を受賞。１９７３年に発表したマネジャーの職務についての研究で一躍注目され、その後、組織論、戦略論と経営学の主要な分野で大きな業績を残す。これまでの伝統的な経営学に対して、常識を覆してきた、独創性と子供の目を持った「理論に縛られない理論家」として知られる。

す。しかし人が他の経営資源と同じ範疇の中にあることは変わりません。いかに管理するかという管理対象のひとつとして、人が他の3つと同じカテゴリーとして扱われています。人をまったく別の独立したカテゴリー、「資源（resource）」ではなく、「存在（being）」そのものとして別格にすべきではないでしょうか。

経営学100年の系譜を、人間をどのようにみなしていたのかから見ると、経済合理性追求のための1900年代初頭「コスト」とみなすところから始まり、1950年代に「資源（resource）」へ移行したと言えます。そしてこれからは、資源のひとつから人の本来性、「存在（being）」そのものへの移行を進める時期に来ていると言えそうです。

◆経営学が生んだ3つの病

先述の通り、産業革命によって、経済基盤が土地から資本に移りました。ほぼ同時期に起きた市民革命によって、「自我」が解放された市民は、土地に縛られず、自由に移動できる労働者を前提とする産業革命を後押ししました。ここで社会問題となっていた労使の対立を解決すべく、テーラーイズムが生まれます。

そして、「働かせる人」と「働かせられる人」を分離した上で、経済合理性の追求を上位に置くテーラーイズムは、経済という、目に見えるものに「労働者＝消費者」を走らせることになりました。ここで注目すべきは、市民が労働者となると同時に消費者となり、大量生産と大量消費に拍車がかかったということです。大量生産と大量消費が車の両輪として回り資本主義が発展しました。今なお家電、家、衣服、食品、車、住宅、不動産など、大量消費は止まる所を知りません。

大量生産と大量消費をエンジンとする資本主義は、欲の増大を生み、冒頭で述べた、貧富の格差をはじめとする社会問題や環境問題の引き金になったのは自明の理です。こうしてみると、テーラーイズムからスタートした経営学は、経済発展に寄与したという功績はある一方で、負の遺産も大きいと言えます。具体的には、経済発展という光が生んだ相当に濃い影、副産物として、手法病、計画病、分離病と3つの病に集約できそうです。順に見ていきましょう。

最初の病名は、「手法病」です。冒頭にも述べたように経営学とは「より良い経営を上手にするための学問」です。その経営学において私が抱く大きな懸念は、より良い経営という〝在り方〟より、上手にするための〝手法〟に偏っているところです。テーラーの示した手法は、それまでの場当たり的で個人の経験だけに依存する成り行き経営からの脱却を目指した、客観的で実証的な管理方法でした。魅力的な手法であればあるほど、手法に踊らされ、手法を忠実にこなすことが目的化してしまいます。「トンカチを手にすると、すべてが釘に見えてくる」ということわざが示す通りです。手法に囚われると、手法の遂行が目的化して、組織全体の方向性や果たすべき使命に目がいかなくなります。

例えば、質問型で相手から答えを引き出すコミュニケーション手法「コーチング」研修を受講したばかりの課長が次のように言いました。部下に対してはっきりと意見を言った方が部下の気づきという点で効果的だと思った場面にも関わらず、「押しつけ厳禁とコーチング研修で習ったばかりだったので、質問を繰り返して、まどろっこしい会話になった。引き出すどころか、言いたいことの半分も伝わらず、かえって心理的な距離が広がってしまった」。

経営学はこれまで、PDCAサイクル、PPM（プロダクト・ポートフォリオ・マネジメント）、シックスシグマ、ABC（活動基準原価計算）、BPR（ビジネスプロセス・リエンジニアリング）、BSC（バランスト・スコアカード）、コアコンピタンス、KPI（重要業績評価指標）、ベンチマークなど、数多くの手法を生み出してきました。手法そのものが悪いわけではありません。ただ、手法をこなすことが主になり、本来の目的から離れてしまっては本末転倒です。

手法のひとつに、制度も含まれます。よく組織変革の現場では、ソフトかハードかの二択で語られることがあります。ソフトの代表的なものとしては、研修や対話会、職場作り運動などの取り組みがあります。ハードの代表的なものが制度です。例えば、管理職が一定の年齢になったらポストを外れる「役職定年制」や、成果主義を取り入れ業績と能力の二本立てで評価する「役割等級制度」などがあります。ソフトの施策がうまくいかないので、ハードでという考え方には無理があります。就業形態や価値観、ライフスタイルがこれだけ多様化した中で、制度による一律管理という発想そのものが、安易であり、機械的な組織観の現れと言えるでしょう。

ふたつ目に、「計画病」です。科学では、普遍的で一般的な法則の導出をゴールに、多面的で詳細な分析を行ないます。その意味では、計画病は、経営学が厳密な科学であろうとすればするほど付きまとう宿命とも言えます。計画そのものが悪いということではなく、偏重すると弊害が露わになります。なぜなら経営や戦略は秩序正しい静的なものではなく、動的でダイナミック、ある意味予測不可能な混乱のただ中にあるプロセスだからです。

計画では定量化できること、客観化できることが重視されます。数値化が容易で、反対意見が出しづらい、売り上げや利益、生産性や市場シェアなどが旗印になります。その一方で数字では測れない、やる気やワクワク感、長期的なビジョンはないがしろにされがちです。

さらに深刻なのは、人間すら計画遂行の手段となり、モノや機械と同様に扱われる危険性も出てくることです。テーラーの『科学的管理法』から、人間が機械の歯車と化して単純作業を繰り返す、チャップリンの映画「モダン・タイムス」を連想する人も多いでしょう。過渡の効率性追求の中で、労働は単純作業に分解され、画一化された仕事になっていきます。後にロシアの革命家ウラジーミル・レーニンによって「テーラー・システムは機械による人物の奴隷化」と論ぜられます。

もうひとつの計画病の弊害は、計画だけして仕事をやった気になってしまうことです。どれだけ優れた計画でも、実行されなければ意味がありません。机上の空論がたくさん生まれても時間の浪費以外の何ものでもありません。

とある企業の部長は「会社の大方針に従って毎年、部の年次計画を立てるが、これほど無駄な時間はない。上から突っ込まれないための過剰防御で固めた、計画のための計画になっている」と言います。数字をこねくり回してもろくなことはないのは明らかです。残念なことに、これに近い話は大きな組織ほどよく耳にします。

さらには、計画が詳細であればあるほど計画に縛られることも起きてしまいます。変化の激しい時代、臨機応変の計画変更の余地がなくなるのは致命傷です。計画されたことを、ただ実行することが目的になって、そもそもの計画の先にある達成したいビジョンや使命を見えなくしてしまいます。

経営学上、この計画病をさらに悪化させたのは、１９８０年代に経営戦略論を競争戦略として体系化したマイケル・ポーターではないでしょうか。この病を計画病の進行バージョンとして「分析病」と名付けておきます。ポーターの理論は経済学の一分野の産業組織論[※3]に基づいています。産業組織論の命題は「買い手が多くて、売り手が少ないのが魅力的な市場」です。この命題に適う市場構造に位置付ける（ポジションを取る）ことが優れた競争戦略であるとし、「5フォースモデル」や「バリューチェーン」などビジネススクールでおなじみの分析手法を生み出しました。ポーター流の戦略論はポジショニング・アプローチと呼ばれ、今日でも強い支持を得ています。

それに対して真っ向からの批判者のひとりに、ヘンリー・ミンツバーグがいます。彼は多岐にわたる戦略論を総合的に示した『戦略サファリ』の中でポジショニング・アプローチについて「競争に焦点を絞ることで、ビジョンを矮小化し、戦略における創造性を抑え込んでしまった」と指摘しています。確かに競合より利潤が獲得できるポジションを取

※3　産業の組織構造から経済性を考える経済学の一分野。①市場シェアを高め、②製品の差別化を進め、③参入障壁が高い産業を選ぶことによって独占的構造を作り、競争をしないで済ませようという戦略。経営学では、市場構造（Structure）→企業行動（Conduct）→企業業績（Perfomance）の頭文字からＳＣＰモデルと呼ばれる。

り、競合他社をしのぐことに力点が置かれると、未来に向けた価値創造の芽は萎れるでしょう。そしてミンツバーグは失敗や成功など行動から学ぶ、試行錯誤型、学習型の戦略を示しました。考えながら作り、作りながら考える、陶芸家を隠喩とした「戦略クラフティング論」です。

また、次々とヒットを生み続けているピクサー・アニメーション・スタジオを始めイノベーションを起こしている企業を調査研究したハーバード・ビジネススクール教授リンダ・ヒル教授は、調査企業の中でアイデアの創出と実行を区別している企業は1社もなかったと2014年（邦訳2015年）出版の『Collective Genius（集合天才）』の中で指摘しています。アイデアから実験が生まれ、実験からアイデアが生まれる、試行錯誤こそが創出に欠かせないにも関わらず、計画倒れを続けている組織が多いのは残念な事実です。

最後は、「分離病」です。そもそも経営学は、経営者が労働者を効率よく働かせるために生まれています。先述の通り、働かせる人と働かせられる人、考える人と行なう人をはっきりと分けました。役割分担は専門性を高める、その業務に集中できるなどのメリットもある反面、全体が見えなくなり、自分のところの利のみを追う、エゴを増大させることにもなりかねません。分離病は、経営学の出発点に関わる根深い問題です。

とある金融機関では、営業や融資、コールセンター、サービス開発など部門を預かる各部長が「職務記述書」を精読することが通例になっています。それは、自部署がやるべきことと、やらなくていいことをクリアにするためです。会議では、「これはうちの仕事ではない」という発言が頻繁にあるそうです。三遊間のゴロを拾わない、自部署と他部署を分け、自部署の利益を最優先する考え方です。「顧客志向になれ」と役員が檄を飛ばしているものの、部長たちは頭では分かっても切り変わっていかないそうです。

特に知と行を分離することで、言われたことだけをやっていればいい人、考えなくていい人、今風に言えば、指示待ち人間を作ってしまいました。また、考える側を請け負ったマネジメントの任務は、データを読み、頭で考え、資源配分し、後は指示命令するだけになりました。しかし、不透明で不確実な環境下こうしたマネジメントで事足りるでしょうか。より創造性が求められる時代におけるマネジメントの要点は、データだけでなく、刻々と変化する状況に直接接した印象が重要でしょう。頭で考えるだけでなく、目で見て肌で感じる直感です。資源配分して管理するだけの傍観者ではなく、共通の夢に向かって共に考え、共に動く主体者が必要です。そして、自分だけが一方的に話すというより、しっかりと寄り添い耳を傾け、皆の気づきやアイデアを集めることが求められます。

図２　経営学がもたらした３つの病

1.	手法病	▶手法が目的化する
2.	計画病	▶定量化が重視される ▶計画だけで実行されない
3.	分離病	▶孤立や対立の文化がはびこる

ところが、経営学でリーダーシップというと、まだまだカリスマ型、ヒーロー型の強い男性が想定されることが多いですし、経営戦略策定と意思決定、それに基づいた権限行使をマネジメントの中核に据えている組織がほとんどです。一般的には良いこととされる、任せるマネジメントの旗頭、「権限委譲」も、権限をもっているマネジャーが、権限を渡してあげるという構図は変わっていません。言うなれば、分離病は「相互傍観者」をつくり、孤立や対立構造の文化をはびこらせることに至っているのです。

ここまで経営学がもたらした3つの病（図2参照）について見てきました。「いかにして、経営者が労働者を働かせるか」に答えるために始まった経営学は、現在の経営にも色濃い影を落としていることが分かります。ここではテーラーが批判の対象になっていますが、元々テーラーは、労使対立の解決、経営者と労働者の双方の幸せを科学によって成し遂げようという崇高な志があって、科学的管理法を示しました。

しかし、100年経って世の中は大きく変わりました。そもそもテーラーの研究は工場の生産現場から生まれたものです。与えられた単純作業を効率的にやっていれば済むという時代ではなくなりました。世界中がつながり、影響し合い、変化のスピードが加速化し、価値観や雇用形態などの多様化もますます進む環境の中、働くすべての人の主体性や創造性が求められるようになりました。物質的な豊かさが幸福をもたらす時代から、人類にとって幸福のあり方も変わってきています。

また、とても大事なこととして、考えて欲しいのは、なぜ現在でもテーラーイズムの影響が大きいのかです。それは当たり前ですが、今なお支持している人がいるからです。事実多くの経営者やマネジャーは、具体的な目標、綿密な計画、進捗の報告、序列や役割分担など制度や構造を好みます。少し想像すると分かるように、多様なメンバーによる即興的で自由な組織よりも、同質なメンバーだけで、計画に沿った限定範囲の中で活動する組織の方が、管理が楽です。楽をしてマネジメントしたいという、誘惑に引き寄せられています。つまり、3つの病の裏には、安易な効率主義が隠れていると言えます。自分の頭で考えることなく、苦労もすることなく、できるだけ楽をして、手っ取り早く果実を得たいという強い欲求です。

成功の方程式やテクニックを欲しがる安易なメンタリティこそが、失敗への道であることにそろそろ深いレベルで気づく必要があるのではないでしょうか。これさえしていればうまくいくという、魔法の丸薬はありません。多忙を極めている中だからこそ、見通しが悪いからこそ、本質を深く考える、思慮深さが求められているのです。

さらに言うと、安易な効率主義の奥底には、自分自身も意識すらしていないふたつの感情が渦巻いていることがあります。ひとつは、相手や状況を自分の思い通りに動かしたい、コントロールしたいという操作欲求。もうひとつはうまくマネジメントできなかったらどうしようという、評価や自己存在の危機への恐怖です。3つの病、手法病・計画病・分離病に加えて、安易な効率主義、その奥にある操作欲求と恐怖が加わり、病を深く、重くしているのです。こうしてみると、われわれは相当に深いレベルで自らを見つめる必要があることがはっきりしてきました。

第2節　これからの経営学はどこに

ここまで、「これまでの経営学」を振り返ってきました。経営学の出発点としてのテーラーイズム、その後の系譜を辿り、生まれてしまった歪みを、手法病・計画病・分離病、3つの病としてまとめました。

伝統的な経営学は、経済学を起源にし、普遍的な、唯一絶対の解を求め、人や組織を静態的な対象物として捉え、過去の分析によって厳密な理論化を試みてきました。結果、経営学研究の方法論として一般的なのは、統計学からの実証です。

しかし、統計学では、あくまでも「平均」の概念を基本とし、独自性や特殊性を検証するには馴染みません。独自的、萌芽的な出来事は、統計学では「外れ値」としてはじかれてしまうからです。

そこで本書では、数値化できる、目に見える定量的なデータに頼るのではなく、また、単なるインタビューだけではなく、当事者として何度も現場に身を置き、検証を繰り返しました。すると、内側に深く入り込むことでしか知り得ない、数値化が難しい、機微に宿るエッセンスが見えてきました。それは、経営学の3つの病を覆すエネルギーでもあります。キーワードは、存在、小欲、苦悩です。順に見ていきましょう。

◆存在を掘り下げる経営

変化が激しく先行きが見渡せない環境に置かれた現代を、VUCA《ブーカ》時代と呼ぶようになっています。VUCAとは、変動性（Volatility）、不確実性（Uncertainty）、複雑性（Complexity）、曖昧性（Ambiguity）の頭文字をとった言葉です。

VUCA時代において「自分や自組織は何者か」、「何のために存在するのか」、「世界は自分たちに何を求めているのか」と自己のあり方を問い直し、より本質を掘り下げる重要性が増していると言えるでしょう。なぜなら、自己の存在を深く知らずして、「どちらに向かったらいいのか」方向性を見出すことはでき得ないからです。新しい手法を次から次へと探し求めるのとは対照的な立ち位置です。

例えばアメリカのアウトドアメーカーのパタゴニア社は、経営危機に瀕している時、「なぜビジネスに関わっているのか、パタゴニアをどんな会社にしたかったのか」と自問し、経営チームで対話を続けました。そして、「ほかの企業が環境的な経営と持続可能性を探るにあたって手本にできるような会社にしたい」（『社員をサーフィンに行かせよう』）という理念にたどり着きました。

また、自らのあり方を問い直し、本質にまで深めることで「奇跡の再生」を遂げたのが、「旭山動物園」です。2017年にホワイト企業大賞でも視察訪問してきました。

北海道旭川市の人口は36万人。立地や市場性からすると明らかに不利な環境にあります。1996年には、来園数が過去最低の26万人にまで落ち込みます。

一時は入園料収入では賄えず、年間3億円もの市からの繰入金で運営するほどでした。市のお荷物として、廃園の危機にまで追い込まれた同園の「奇跡の再生」は2004年に始まります。それは、「伝えるのは命の輝き」という理念を体現した、「行動展示」というイノベーションのなせる技でした。2006年には10倍の300万人を達成します。これは、上野動物園と肩を並べる来場数です。

ここには〝スター動物〟はいません。どこの動物園でも見かける動物ばかりです。ところが、動物の魅力を再発見、感動し、何度も見たくなるのが「行動展示」のすごさです。昼寝していて動かないのでも、派手なショーで人口的に動かされているのでもない、ありのままの動物の行動を見せています。

例えば、「ぺんぎん館」では、地上では想像できない速さで、イカやタコなどのエサの捕獲のために潜水する姿を水中トンネルで見ることができます。「動物のすごさ、美しさ、尊さ」を伝えるという思いが、「行動展示」として、体現されているのです。

1989年危機のただ中で、一人ひとりの「動物のすごさを伝いたい」という思いが、テレビのドキュメンタリー番組のタイトルにもなった「14枚のスケッチ」に落とし込まれます。当時を振り返って小菅前園長は、述べています。「時間を忘れるというのはああいうことを言うんだな。自分たちの理想を語り合うんだから、本当に楽しい作業だった」（『旭山動物園のつくり方』文藝春秋）。

自分たちは何者か、何を成す存在か、深く掘り下げることは、内側から湧き上がる使命感に繋がります。旭山動物園では、職員の方々が実にイキイキとして働いている姿が印象的でした。

伝統的な戦略では顧客や市場の分析を起点とします。往往にして顧客至上主義が命題となり、顧客に迎合することにもなりかねません。顧客や市場という「外」からの動機付けとなります。内側から湧き上がる使命感と、外側からの動機付け、このふたつが大きな差になるのは明らかです。

最近重要性が強調されるイノベーション（innovation）も、語源をたどると「in（中に）＋nova（新しくする）」であり、自らの内側、見方、考え方、あり方の刷新が含意されます。イノベーションを「技術革新」と訳してしまうと、先端技術による、研究開発部門の役割のように捉え、イノベーションの幅を狭めることになります。技術主導ではなく、あり方の深い掘り下げによるイノベーションの好例として、「Qドラム」があります。

「Qドラム」とはドーナツ型の耐久性のあるプラスチック容器にロープを通した、最大50リットルの水を運べる道具です。水源の乏しい途上国において、何キロも歩いて安心した水源から水を運搬する仕事は、女性と子どもに課せられています。重いものを頭に乗せて運ぶ習慣があるアフリカでは、腰や首を痛めることも起きています。南アフリカの建築家とエンジニアのヘンドリクス兄弟は、女性や子どもたちが容器を頭に乗せて水を運ぶ、見慣れた風景に疑問を感じ、一体自分たちに何ができるのか考え、開発に至りました。

「Qドラム」は何世紀も続いた水汲みというきつい労働から、女性と子どもを解放することになりました。子どもたちにとって、教育機会の提供であり、何十万人もの未来を変える可能性を広げています。

経営という文字の語源を辿ると、経は縦糸であり、道理や筋を意味し、営は横糸であり、自由奔放を意味します。企業経営に当てはめてみると、使命や思いに基づいたあり方と、働く人々が自由な雰囲気のなかで発想し行動することの組み合わせは重要です。経営の語源からも、存在を掘り下げることの大切さが分かります。

◆利を追わない経営

自由主義経済を信奉する多くの企業は、経済学の命題に沿うように「利潤の極大化」に躍起になってきました。また、戦略論において現在も大きな影響力を誇示するのは、経済学に基づいた、マイケル・ポーターの競争戦略です。

その一方で、経済学の命題とは逆行し、利潤を目的とせず、言うなれば欲を控えめにすることで輝き続ける企業があります。例えば、文具としての筆に「化粧筆」という新しい分野を生み出した広島県安芸郡の株式会社白鳳堂では、「直営小売店における売上金額の目標がない」といいます。なぜなら売上目標があると、売り手の都合で、どうしても顧客に不必要な製品を押しつけることになるからだそうです。

同じように自然から学ぶ経営、「年輪経営」で有名な寒天メーカー、伊那食品工業株式会社の塚越寛会長は次のように言います。

私は、成長の数値目標を掲げません。売り上げや利益の数値は、自然体の年輪経営の結果であり、前年を下回らないという歯止めさえあれば、あえて数値目標を掲げる必要はないと思うからです（『いい会社をつくりましょう』文屋）。

塚越会長は「人は自然にウンチが出るでしょう。それと同じで、健康な企業からは自然に利益が出るものだと思っています」と述べています。利益は目的ではなく、あくまでも健康な経営の結果であるということです。

また、２０１６年度ホワイト企業大賞において「発酵経営賞」を受賞した、３００年続く老舗の造り酒屋、千葉県の寺田本家の二十四代目当主の寺田優氏は、「売り上げを気にしたことがないし、見ることがない」と言います。「ときおり、女将さんから昨年対比の売り上げを見せられるときがありますが、一応気にしているふりをします」とのことです。ところが、「結果として毎年少しずつ売り上げ増が続いている」と言います。

蒸した米を布に包んで運び込む

２０１５年11月に見学した際、ちょうど蒸した米をタンクに入れる作業中でした。蔵人が蒸し終わった重い米をタンクまで次々と布に包んで運び込む。引き続きタンクの米を３人がかりで木製の棒を使って撹拌していく。その時、唄を歌いながら行なうのが印象的でした。蔵人同士もさることながら、まるで微生物と人が共演しているようでした。「10

年ぐらい前から唄を歌い出して蔵の雰囲気が変わってきた」、「機械化を極力せず、あえて大変な手作業をすることで、酒に思いがこもるのでは。腰も痛くなるし大変だけど、それを楽しんでいます」（優氏）とのことでした。

寺田本家では、全国新酒鑑評会など公のレッテル競争には一切参加していない。あくまでも外からの権威づけではなく自分たちが自信をもって薦められる酒造りに徹しています。「微生物に守られている感覚がある」。寺田優氏の言葉です。何を大切に経営しているかという問いに対して返ってきたのは「酒は蔵にいる微生物がつくってくれる。主役は微生物。微生物が喜んでくれることだけを考えている」とのことでした。また、カリスマ性もあった先代啓佐氏からの突然の継承で苦労はなかったかとの質問に「自分の色を出そうとは考えたことはない。働きやすい環境をつくるだけ」とのこと。優氏から「私は、経営が分かっていない、やっている人がいかに楽しくと考えているだけ」という言葉が幾度も出ました。大いなる自然、「微生物という摩訶不思議な生命現象」（先代啓佐氏）に身を委ねている、力みない奥底からの謙虚さを感じました。

現在の寺田屋本家を語る上で欠かせないのが、先代の啓佐氏の存在です。現在の方向性の礎を築いた、啓佐氏は１９７４年26歳で婿入り、２０１２年63歳で亡くなっています。

同氏は、家電量販店が実家、「会社は利益を追求するところ」がモットーでした。「唯物論者、自分が見たことしか信じない、左脳的」で「すごい自信家」（先代婦人）でもありました。つくば万博の際、会場近くに蕎麦屋を出店したり、夏の閑散期にアイスクリーム店をやったり多角化を図りますがことごとく失敗しています。利益、効率一辺倒だった同氏の大きな転換にはきっかけがふたつあったと思われます。ひとつは病気。経営不振のただ中「腸が腐る病気」にかかり、「生きるとは、人間とは」など根源的な問いにより自分自身を深く見つめ直したことです。

もうひとつは超常現象との出会い。具体的には友人とふたりでＵＦＯを見たと言います。「啓佐氏以上の唯物論者の友人と裏手の神埼神社に大きな物体が舞い降りたのを見た」。そこから大きく人柄が変わったといいます。絶対の自信家から、「俺が知らないだけで本当はあるんだなぁと感情的になった」（先代婦人）。利益最優先から「百薬の長」、「生命が喜ぶような、本物の酒造り」へと根本から経営を変えてからは、「微生物の気持ちがまだ分かっていない」とよく言っていたといいますから、自信家からの大きな転換、脱皮だったと言えます。同氏は「蔵の見学がひとりだったときも、１時間、２時間掛けて丁寧に説明して分かっていただく、徐々に見学者も増えていった」（先代婦人）という地道な営みを重ねていきました。啓佐氏は、著作『発酵道』（スタジオＫ）の中

寺田本家。煉瓦造で建てられた蔵

で、「発酵と腐敗」を生き方の指針として次のように語っています。

自分のもの、自分のお金、自分の会社、自分の成功…、「自分の、自分の」という我意識は、腐敗をまねいてしまう。発酵している意識というのは、本来の自分、本当の自分の意識を言うのだろう。一人一人の心の奥にある、純粋な意識のことを。
「自分の利益や欲を捨てたときに、人間は救われる」
これは、かつて父親に言われた言葉だ。自己中心的な姿勢を改めたとき、発酵という救われる道ができるということだったのかもしれない。

微生物のあり方、自然のあり方から学び、自己中心性、我欲から離れたとき、本来の自分、本来の経営が顕現したといえます。寺田本家における、利益最優先時代と現在の酒造りの違いは真逆です。表1を参照ください。

表1　寺田本家の酒造りの変化

	以前	現在
原料	安い米	100%無農薬米、玄米
製造方法	手間をかけない、均質化のための機械化、挙げ句の果てには「3倍増醸」というアルコールと甘味料の添加	蔵人が「てのひら」を使いお米に触れて手間をかける。添加物一切無使用、無濾過
方針	早く、安く、大量に	「人の役に立つ酒造り」「酒は百薬の長」といわれた原点に
菌に対する考え方	有用な菌と有害な菌を分けて有害菌を殺菌、衛生な環境にする	麹菌は自家田から採取した稲麹から自家培養。排除の論理を使わない、すべての菌と共生していく
販売	60%は大手メーカーへ桶売り、酒販店へ条件（おまけ）付きで	営業は不在、口コミのみ、「（いいものを作ったら）勝手に営業してくれる人が出てきた」（優氏）、「値引き販売していた時と、とりまく人が変わってきた」（先代婦人）

先述の旭山動物園の坂東元園長も利益について同様に述べています。

利益の追求ではなく、本気で動物のことを考えた。その結果、自分たちもびっくりするくらいのお客さんが来てくれるようになった。その成功に甘んじて、これまでのスタンスが少しでも揺らいだら旭山動物園はすぐに今の輝きを失うだろう（『夢の動物園』角川学芸出版）。

利益は追求するものではなく、追求すべきは、自分たちのあり方、思いの実現に向けた掘り下げと、価値創造に向けた工夫の連続です。利益はその結果に過ぎないことが分かります。利を求めない、追わない経営が、結果として利を生み続けているのです。

◆苦悩を味わう経営

北海道の浦河町《うらかわちょう》に、世界中から注目を集める精神障害者のコミュニティ「べてるの家」があります。「精神障害で町おこし」というスローガンを掲げる、べてるの家は、町の特産加工品を販売、現在では地域になくてはならない存在にまでなっています。

多くの場合、統合失調症の患者は病院で暮らしますが、「べてるの家」では、当事者同士が支え合い、幻聴や妄想と共存しています。「病棟から地域へ」という精神障害の世界的な流れの最先端の取り組みです。これまでの常識的なチーム運営は、互いの強さに着目しますが、ここでは、「弱さの情報公開」をベースに組織づくりをしています。

2016年6月にべてるの家に伺った際、バーベキュー大会で迎えていただきました。まず驚いたのは自己紹介です。同じ統合失調症であっても「無人島漂流型多飲水」や「金欠ウォーキング型過去引きずり女タイプ」など、自分でユニークな病名をつけていました。自己理解とともに、他者に理解してもらう工夫がなされていました。

また、べてるの家の名物に「幻覚妄想大会」があります。ソーシャルワーカーの向谷地生良さんいわく「通常、精神病は他言ならない究極の秘匿すべき個人情報。それを隠すどころか、あえて笑いに変えて発表してしまおう」という試みです。幻覚や幻聴を否定することなく、仲間と共有して、自分の中でも折り合いをつけていく営みが丁寧に行なわれていました。べてるの家では「弱さの情報公開」を始め大変ユニークな理念がありま す。べてるの家の人間を見つめる暖かさと深さの結晶ともいえるでしょう。特に中心となる3つについて記載します。（小冊子「べてるへようこそ」より）

「三度の飯よりミーティング」

べてるにはなくてはならない理念の柱。自分を語り、仲間の話を聞き、語り合い、支え合うミーティングは月に１００回以上開かれます。

〈ポイント〉

・ミーティングで問題が解決するわけではない

・問題を出し合う場ではなく、お互いを励まし合う場であること

・「良かったところ」、「苦労している点」、「更に良くする点」を出し合うこと

「弱さの情報公開」

「安心してサボれる職場づくり」という理念があります。ひとつの仕事を任せられて働くのは大変です。期待されて、つい頑張ってしまい、途中で爆発したり、エンストしたり……。そこで、「調子が良くないので助けて欲しい、代わって欲しい」と伝えることが重要になってきます。自分の弱さを公開しないといけません。この時の伝え方の練習ももちろん必要です。SST（Social Skills Training 生活技能訓練）やその他多くのミーティングで練習しましょう。それ以前に「弱さ」を知ることも大切!!

「べてるはいつも問題だらけ」

べてるの皆んなは、ただ生きているだけでも問題が起きている。病気とのつきあい。自分とのつきあい。そして仕事に行くかどうかに始まり、商売のしかたや運営について、かつそこでの人間関係の苦労など、次から次と問題はあふれ待ちかまえている。しかし、ここで「引きこもったり」、「爆発したり」、「逃亡したり」して病気に逃げない方がよいでしょう。「苦労を取り戻す」のです!! 具体的な悩みや苦労に向き合って、仲間に相談したり共有していくことが大切です。そして「自分が自分の悩みや苦労を担う主人公」になりましょう。

べてるの家ではユーモアが日々を支えていく

自己を開き、他者を受け入れる姿勢、相手の立場に立った共感と共鳴が響き合う、生き生きとした場がべてるの家にはあります。自己を開くとは、言うは易しですが、自己存在に関わる重大事項、そう易々とできることではありません。他者の目を通して、自己の限界を思い知ることの恐怖を味わうことでもあります。特に精神障害に関わることであれば、困難性は想像をはるかに超えるでしょう。それをやってのけてしまうべてるの家の場の力は計り知れません。ここでは自己を失うことなく、自己を全体の中で活かすことで生まれるエネルギーに満ちています。そのベースにあったのは、避けることなく、真正面から真剣に、でも力まずに、「苦悩」に向き合う姿勢でした。

「べてるの家」独特の表現として、「自分の苦労の主人公になる」というものがあります。自らの摂食障害に向き合い続ける渡辺瑞穂さんは、「自分自身の生き方を取り戻すために、自分の弱い部分とのつきあい方を探して試行錯誤している」とし、次のように記述しています。

人として生命をスタートした時点ですでに弱さや汚さは身に備わっているものであり、人間らしく生きる以上その部分が浄化されるはずはないのだが、ついつい人から隠し、自分のなかでも封印し、「凛々しく生きている自分像」を求めてしまう。じつはその〝自分像〟は親なり世間なりから求められていると勝手に思い込んでいる幻であるかもしれないのに……。けっきょくは呼吸もできなくなり、摂食障害や統合失調症というかたちで

「人間らしいドロドロ」が爆発するのではないか。（『べてるの家の「当事者研究」』）

また、「名古屋で健康でいるよりも、浦河で病気でいるほうがずっと幸せ」と名言を残した、幻聴に向き合う林園子さんは、幻聴はあってはいけないものとして、薬や注射でなくしてしまわなければと必死で、毎日のように注射を打ち、1日に3本打ってもらうこともあったといいます。「薬を打つとふわっと気持ちよく、ものすごく注射に依存していた」林さんは、べてるの家に来て注射をやめ、行き詰ると仲間に相談することを始めました。そして、「苦労する権利、悩む権利、失敗する権利を獲得し、人間が本来するべき当然の苦労を取り戻すことができた」（『べてるの家の「当事者研究」』）といいます。

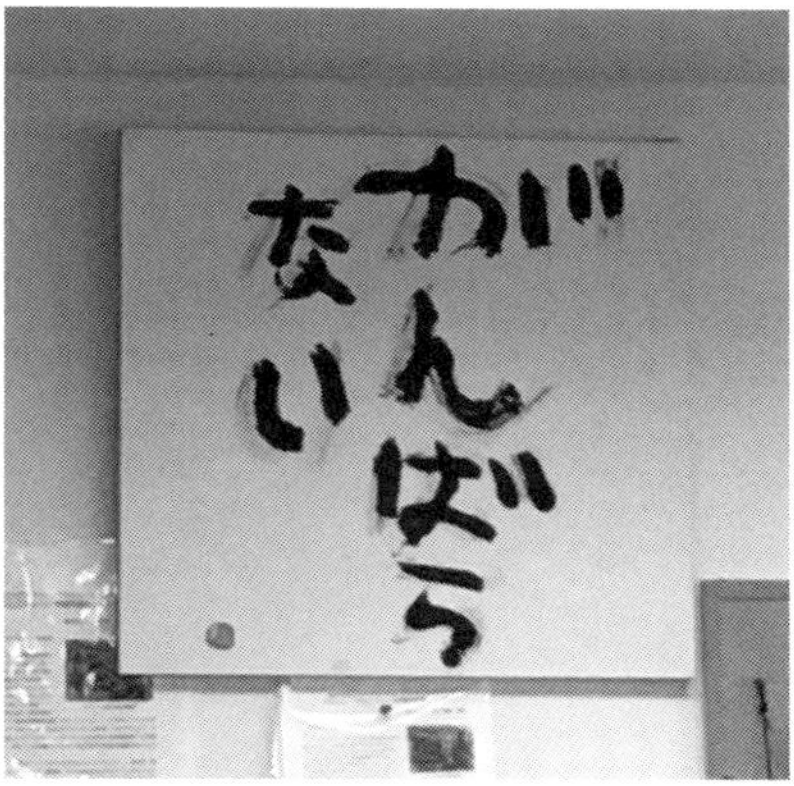

ありのままに存在することが大切にされている

「苦悩の主人公になる」とは、自分の苦労を医療者やソーシャルワーカーなどの専門家に依存、丸投げして逃避するのではなく、苦労も含めて自分の人生を味わう、言うなれば、「生きる主体性」を取り戻す、自然な姿に戻るということです。誰かの人生ではなく、本当の意味で自分の人生を生きる営みは、ごまかしがない現実世界、苦労も絶えないのかも知れません。それでもなお、その苦労さえも愛おしく抱きしめることができるのでしょう。

そして、自分の弱さに向き合うには、独力のみで立ち向かうのではなく、同じような苦労を共にしている仲間の存在が欠かせません。自分に真剣に向き合う個力も求められますが、個人ではたどり着けない領域に入っていくことと、それを継続していくには支援的な関係性の中で可能となります。自己を理解し、自己を表現する言葉をもつことで他者と繋がりが生まれてきます。自分を表に出す営みは、自己理解も深めます。

「べてるの家」には「非援助の援助」と呼ばれる取り組みがあります。非援助の援助とは、「本人がなんらかの壁にぶつかったときに横から手を出してそれを取り除いてあげるという、いわゆる〝援助〟ではない。本人そのものを信じてどっしりと見守る（ただし危機には十分に力を貸す）ことで、本人が『自分らしい苦労』と向き合うことができるように応援する〝助けない助け方〟」です。この助けない助け方としての「非援助の援助」は、「認める・信じる・任せる」の3原則に基づいています（図3参照）。

苦悩に着目する利点は、つながりが生まれることです。皆も自分同様苦しんでいるの

図３　非援助の援助の３原則

■ **認める**
自分が無力であることを認める
■ **信じる**
人を信じること、場を信じること
■ **任せる**
流れに任せること、自分を委ねて見ること

『べてるの「当事者研究」』より

だという実感であり、リアリティから生まれる連帯です。私はコンサルティングの一環として、企業内のマネジャーが定期的に集まり、内省と対話を繰り返す場を設けています。ある時ひとりの参加者が言いました。「この場のお陰で、悩むことに悩まなくなりました」

それまでこのマネジャーは、何度言っても同じミスが続く部下、自分の意図が通じない上司、思い通りに進まないプロジェクトなど悩みだらけで、こんな些細なことに悩む自分はマネジャーに向いていないのではと悩んでいたそうです。しかし、同じような悩みや苦しみを抱えているマネジャーがいるということが分かり、随分と気持ちが楽になったと言います。この実感は、個人の安心感と仲間同士の一体感を育んでいきます。「共感同苦」の世界です。苦悩に着目するということは、強がったり、良いところだけを見せたりしないことです。自分の弱さや醜さも含め、仲間にさらけ出すこと。人間本来の自然な姿で生きることであり、自分の人生の主人公となることです。そして、さらけ出された弱さを受け入れ、許してくれる関係性、風土を育てていくことでもあります。

◆これからの経営学に向けた4つのヒント

「旭山動物園」「寺田本家」「べてるの家」を中心に、これまでの経営学の枠組みに収まらない経営を検討しました。結果として、４つのヒントが見えてきました。

ひとつ目は「自覚」です。これまでの経営学は、次々と目新しい手法を開発、経営者もそれに飛びついてきた感が否めません。しかし、これからの経営では、「われわれは、この社会でいかなる存在か」存在の本質は何かを丁寧に掘り下げ続け、深く自らを認識し、感じとることが求められます。旭山動物園の坂東さんの次の言葉は象徴的です。

動物は人間の都合に合わせて車のようにモデルチェンジなどできない。そんな彼らを愛し続けてほしい。「ありのまま」の命を淡々と営む彼らを見続けてほしい。「行動展示」

とは、彼らの能力を最大限に引き出す見せ方のことである。このメッセージは、巨大な岩のように動かない。決して揺らぐということがない。どうしてこんなに頑固なのだろう、と思うくらい、旭山動物園の主張ははっきりしている。（『動物と向きあって生きる』角川ソフィア文庫）

フランスのポスト印象派の画家、ポール・ゴーギャンは１８９７年にタヒチで書いた大作に「われわれはどこから来たのか　われわれは何者か　われわれはどこへ行くのか」という根源的な問い掛けを題名にしました。「われわれとは何者か」と存在に深く入ることで、次なる方向性、「どこへ行くのか」を見出すことが可能となるのでしょう。

ふたつ目は「共鳴」です。経営学では、人間モデルの進展に見たように、テーラーの「経済人モデル」からスタートしました。テーラー以降は、合理性と人間性、この2つの間を振り子が時代背景の中で揺れながら進んでいます。ただし、合理性も人間性も、これまでの経営学においては管理する人と管理される人という「分離」の世界観がありま す。また、目的を遂げるための方法として、テーラーは標準化と効率化を徹底し、短期で一流労働者並みの生産性の再現を試みました。初めて働く学生アルバイトが、マニュアルが整備されていることで数日後にはある程度の仕事ができるようになるのは、テーラーの貢献といえるでしょう。

一方、これからの経営学では、これまでの経営学で重視された動機付けさえも必要としません。動機付ける人と動機付けされる人の「分離」はありません。自分自身の存在理由と仕事に「共鳴」が見受けられます。外から与えられる動機付けではなく、内から湧き上がってくる使命感が原動力です。

また、標準化できる仕事はＡＩに任せる時代を迎え、人は、利益を生むための手段としての「資源」ではなく、一緒に時を過ごす、寄り添う、共に生きる、共に在る存在。単なる同僚を超えた「同苦」を味わう仲間としての関係性が土壌として存在します。

３つ目は「小欲」です。これまでの経営学は、経済学に依るところが多く、功利主義的な経済合理性が強くあります。特に近年では、多くの企業は欧米型のコーポレートガバナンスの影響も強く受け、株主価値向上に連動した「利潤の極大化」を目指すようになりました。

一方、これからの経営学では、現在多くの企業が標榜している、「短期利潤の極大化を通じた株主利益の追求」には関心が薄く、欲は控えめであり、利益はあくまでも結果として捉えます。「消費と成長こそ経済活動の唯一最大の目標」とする近代経済学に真っ向から逆行しているのです。

最近勃発している企業の不祥事は、売り上げや利益、生産性など数値化できる目標の達成が絶対命令となり、隠蔽やごまかしをしてまでも結果を出そうとする雰囲気が原因の根底にあります。とある自動車メーカーで長年起きていたリコール隠しにおいて、製造現場の責任者は「上から降りてくる数字には逆らえなかった」といいます。双方向の対話(dialogue)がなく、数値による結果主義を根底にした、一方通行の独白(monologue)経営の弊害といえるでしょう。

最後は「畏敬」です。合理的で、綿密な計画というよりも、自己の限界を知り、自己を超えた大きな関係性の中で自分と自分たちを捉えています。謙虚さ、大いなる存在に委ねている感覚が宿っています。

べてるの家で、ソーシャルワーカーの向谷地さんと二人三脚で進んできた精神科の川村敏明医師は、「医療者として大事なことのひとつは、自分が無力なこと、限界があることを知ること」だとし、「治せない医者」を自称しています。権限のある権威者として君臨するのではなく、「分際をわきまえる」ことの重要性を強調します。

関連して、多摩大学院教授、世界賢人会議・ブダペストクラブの日本代表田坂広志はいいます。

我々の人生は、
有り難い「順境」だけでなく、
様々な「逆境」も含め、
すべては、大いなる何かに導かれている。

「幸運に見える出来事」だけでなく、
「不運に見える出来事」も含め
すべては、我々に良き人生を送らせるための
大いなる何かの導きである
（『すべては導かれている』小学館）

今回の経営者やマネジャー、働いている方々から異口同音で出た言葉として「運」についてのコメントが多かったのが印象的でした。「運よくことが運んで…」「ご縁があって…」、「たまたま…」などです。自力を超えた世界への確信があるように思えます。

図4　これからの経営学の4つのヒント

1. 自覚	▶深く自らを認識し、感じとる
2. 共鳴	▶内から湧き上がってくる使命を言動力とする
	▶同僚を超え、「同苦」を味わう仲間となる
3. 小欲	▶利益はあくまでも結果として捉える
4. 畏敬	▶自己を超えた大きな関係性の中で自分と自分たちを捉える

自己を超える、自己超越の概念を提示した心理学者がいます。欲求五段階説で有名なアブラハム・マズローです。マズローは欲求を大きく3つの階層に整理、進展していくと主張しました。主張を総合的にまとめた『完全なる人間』において自己実現を再定義しています。「自己実現の達成は、逆説的に、自己や自己意識、利己主義の超越を一層可能にする。それは、人がホモノスになる（同化する）こと、つまり、自分よりも一段と大きい全体の一部として、自己を没入することを容易にする」と述べています。

以上、自覚、共鳴、小欲、畏敬と4つのヒントを見てきました（図4）。

人と組織は、関係性の中で自らが変化し、

また、新たな変化を創り出し続ける存在です。普遍性と合理性を土台に、過去の分析から、唯一絶対の正解を求める理論モデルでは、時間遅れのスナップショットは撮影できても、動的な創造過程は説明できません。経営学がこれからの世界に貢献できるとすれば、根本思想の転換が必要な時期なのでしょう。

2017年9月6日から4日間にわたり、カナダのモントリオールで、経営学のグローバルカンファレンスが開催されました。これは、カナダのマギル大学ヘンリー・ミンツバーグが主催、「REFRECTIONS 2017」と銘打たれ、世界約20カ国から組織開発に取り組む研究者やコンサルタント約200名が参加しました。

大きなテーマは、「Rebalancing Society（バランスを取り戻そう）」。行き過ぎた資本主義、経済至上主義への警笛を鳴らすとともに、次の社会のあり方を模索するものでした。今回は、モダンマーケティングの父フィリップ・コトラーも参加し、ミンツバーグとの合同セッションも行なわれました。コトラーからは、マーケティングの功罪についても言及があり、「これまでマーケティングが不必要な消費を煽ってしまった」との弁が印象的でした。ミンツバーグからは「消費を礼賛する結果、自分たちをそして地球を消耗させている」、そして「世界を搾取する者と戦う第一歩は、鏡の前に立って、鏡の中の人物と向き合うことだ。しかも今すぐに！」との提言がありました。

その上でふたりから出たキーメッセージが、「Less is More（少ないことは豊かである）」という言葉です。折しも、9月10日モントリオールから日本への帰路、CNNで流されるニュースは、フロリダの大型ハリケーン「イルマ」のもたらした甚大な被害状況でした。環境保護活動家のエドワード・アビーは「成長のための成長を追求する発想は、がん細胞のように悪しきイデオロギーである」と述べています。

マクロ経済学はこれまで、国内総生産（GDP）の増加を経済成長の物差しにしてきました。しかし、国民の消費を促進することによる「量」を基準とした経済成長では人類の存在は危ぶまれます。アジアの小国ブータンが採用して話題となっている国民総幸福量（GNH）のように「質」への転換を、経済的要素よりも社会的、人間的要素に重点を置くことが求められているのは確かです。

現代文明の根底にある物質主義に警笛を鳴らす経済学者E・F・シューマッハは著作『スモール・イズ・ビューティフル』の中で下記のようにいいます。

英知を求めるには、貪欲と嫉妬心という、今自分を支配しているものを捨てなければならない。捨てたとたんに訪れる静けさが —長続きしなくても— 他の方法では得られない英知に満ちた洞察を与えてくれるのである。

このカンファレンスで、私も登壇の機会をえました。「より深い内省の探求――『十牛《じゅうぎゅう》図《ず》』[※4]からの示唆を活かして」をテーマに、悟りの道筋を説いた禅の基本テキスト「十牛図」をなぞり、自分の軸を立てることと（alignment）と相手ともしくは場と一体化すること（compassion）を体感するワークを行ない、マネジメントとの関連性を提起しました。

すべては繋がっているという仏陀の洞察に従うとき、他者を大切にすることは自分を大切にすることと同義になります。社会起業家として著名な、インドにある世界最大の眼科医院アラヴィンド[※5]の創始者ゴヴィンダッパ・ヴェンカタスワミーは、「自己に対する認識を研ぎ澄まし、思いやりの限界を広げることに心をくだけば、仕事を活気づけて変革をもたらすような奥深い知恵を引き出せる」とし、「意識が成長するとき、私たちはこの世界のすべてのことに自分を重ね合わせることができる」といいます。

自分中心のメガネから世界を見るのではなく、違うメガネに掛け替えたとき何が見えるのでしょうか。そこにはどんな風景が広がっているのでしょうか。今こそ、われわれは自己中心的な固い殻を脱ぎ捨てるときを迎えています。まだはっきりとした光明が見いだせないなか、断言できることは、これから沢山の開拓者が生まれるということです。今までの常識では推し測れない実験がいろいろなところで、いろいろな人によって続けられるでしょう。人と組織のあり方、そのための経営の進化と深化に向けた探求の旅は続きます。

※4　自己を見つめるというテーマに大きな手がかりを与えてくれるガイドに「十牛図」がある。十牛図とは、十の絵図によって修行の深まりを段階的に示している禅の入門書である。牛は本来の自己、目覚めた自己を象徴している。①尋牛（牛を失ったことに気づき、探しはじめ）、②見跡（牛の足跡を見つけ）、③見牛（牛の後ろ姿を見つけ）、④得牛（牛をなんとか捕まえ）、⑤牧牛（牛を飼い慣らし）、⑥騎牛帰家（牛の背中に乗って家に帰る）とここまでは段階的に進む。ここ以降からが十牛図の真骨頂となる。⑦忘牛存人（牛を忘れ）、⑧人牛俱忘（人も忘れ）⑨返本還源では、探し求めた牛も、自分さえも手放した時、顕現する新しい世界、奇跡が表現される。必死に探し求めていたはずの牛を忘れ、さらには自分も忘れるところで、大きな変わり目を迎える。得るというよりは手放す、忘れたときに自然と立ち現れる本当の自己がある。最後の⑩入鄽垂手では、悟った後に街に戻っていく。悟りを自分だけに閉じ込めず、雑多な俗世間の中で行じる。他者の目覚めに貢献することで、自分もさらに目覚めていく、自覚の究極の姿が顕現する。以上が十の絵図のごく大まかな概要である。

※5　「世界から無用の失明を根絶する」という志を貫く、欧米のビジネススクールなどでも取り上げられる、イノベーションや社会起業家の教科書的存在。インド南部に五つの眼科病院を持ち、年間２５０万人以上の患者を診察、白内障を中心に年間30万人に手術している。様々な工夫により、手術費は１００ドル（アメリカでは数千ドル）を実現。そして、驚くことに患者の47％には、無料で手術を提供している。また、ＷＨＯから失明対策のモデル病院に指定され、ノウハウを積極的に提供、ネパール、インドの他の地域、ケニア、グアテマラ、エルサルバドル、エジプトなどに、同じシステムによる病院が約１４０設立されている。白内障の発生率が先進国より高く、治療費を払うことがままならない層が多数存在するインドにおいて、白内障は家族から稼ぎ手を奪い、放置すると取り返しのつかない合併症も伴うことになってしまう、深刻で重大な社会問題である。アラヴィンド眼科病院の貢献は計り知れないほど大きい。

【引用・参考文献】

E・F・シューマッハ（1986）『スモール・イズ・ビューティフル』講談社学術文庫
イヴォン・シュイナード（2007）『社員をサーフィンに行かせよう』東洋経済新報社
A・H・マズロー（1998）『完全なる人間　第2版』誠信書房
パヴィスラー・K・メータ他（2012）『ビジョナリーであるということ』ダイヤモンド社
フレデリック・W・テーラー（2009）『新訳　科学的管理法』ダイヤモンド社
ブライアン・J・ロバートソン（2016）『ホラクラシー』PHP社
ヘンリー・ミンツバーグ（2011）『マネジャーの実像』日経BP社
ヘンリー・ミンツバーグ（2013）『戦略サファリ　第2版』東洋経済新報社
リンダ・A・ヒル（2015）『ハーバード流　逆転のリーダーシップ』日本経済新聞社
井原久光（2008）『テキスト経営学［第3版］』ミネルヴァ書房
上田閑照、柳田聖山（1992）『十牛図』ちくま学芸文庫
浦河べてるの家（2005）『べてるの家の「当事者研究」』医学書院
小森谷浩志（2012）『協奏する組織』学文社
重光直之・片岡裕司・小森谷浩志（2018）『週イチ・30分の習慣でよみがえる職場』日本経済新聞出版社
末木文美士（2006）『思想としての仏教入門』トランスビュー
田坂広志（2017）『すべては導かれている』小学館
中原淳、金井壽宏（2009）『リフレクティブ・マネジャー』光文社新書
塚越寛（2004）『いい会社をつくりましょう』文屋
寺田啓佐（2007）『発酵道』河出書房新社
原子禅（2006）『旭山動物園のつくり方』文藝春秋
坂東元（2008）『夢の動物園』角川学芸出版
坂東元（2008）『動物と向きあって生きる』角川ソフィア文庫

天外伺朗
工学博士、元ソニー上席常務、ホワイト企業大賞企画委員長、天外塾主宰

4章

ホワイト企業への道
——The White Company Way

「社員の幸せ、働きがい、社会貢献」。
これを大切にする「ホワイト企業」を広めるために活動する
「ホワイト企業大賞」の取り組みと考え方。
そして、その先に見えてきた、「次世代日本型経営」とは——。

第１節　ホワイト企業とは

「どうせ働くなら〝いい会社〟で…」というのは、世界中のサラリーマン共通の願望でしょう。また、できることなら自分の会社が「いい会社」に育って欲しい、と願わない経営者はいません。仕事があればいい、儲かっていればいい、という時代は過ぎ去り、「いい会社」というのは、いまや産業界全体が追求すべき大きな課題のひとつになっています。

それでは、あなたにとっての「いい会社」を、いま、はっきりと記述できますか？　意外とイメージがぼんやりしていませんか？　でも、考え始めれば次々に言葉が浮かび、10人いれば10種類の違った「いい会社」のイメージが描かれることでしょう。議論は沸騰し、朝まで喧々諤々《けんけんがくがく》と語り合い、最後には「でも現実には、そんな会社はないよね…」という寂しい結論で終わってしまうかもしれません。

本章では、「いい会社」をどう表現するか。それをどうとらえるか。単にイメージするだけでなく、どうしたらそういう会社を育てていけるのか、一緒に考えてみましょう。

私たちは、「いい会社」の表現のひとつに、「ホワイト企業」という言葉を使うことを提案しています。この言葉のいいところは、よく知られている「社員に過酷なブラック企業」の反対なので、誰でも直感的に「社員を大切にしている」という印象が浮かぶことです。少なくとも、漠然としたイメージは共有できます。

私たちはあえて、その漠然としたイメージだけを大切にして、「ホワイト企業というのはこういう企業ですよ」という定義をしないことにしました。定義をしてしまうとそれが目標になります。もちろん目標が明確になり、それに向かって努力をする企業が増えるというメリットはありますが、目標以外の方向性が無視されるので多様性が乏しくなり、また「達成したか／しないか」という結果にとらわれてプロセスがおろそかになり、達成したら終わりという刹那性をはらむ、などの問題点が出てきます。

それよりも、漠然たる方向性だけを示して「永遠に歩き続ける道」として「ホワイト企業」という表現を使っていこうと考えています。その方向性として、下記の短い言葉を選びました。

ホワイト企業＝社員の幸せ、働きがい、社会貢献を大切にしている企業

「ホワイト企業」という言葉に誰しもが描く漠然としたイメージを、ほんのわずか具体化しただけです。

よく考えると、仕事を通じての幸福は「働きがい」だし、「社会貢献」も幸福に通じる活動です。つまり、この方向性は「社員の幸福の追求」という一点に向かっています。1章に記されたように「幸福は伝染する」という特性があるので、社員が幸福なら、お客様を含めて、その会社に関係するすべての人たちを幸福へ誘うでしょう。また、社員が幸福なら創造性が高まり、会社の業績がよくなることも1章で述べたとおりです。

いままでの経営学は、ひと言でいえば会社の業績向上を合理的に追求してきました（3章）。ところが、社員の幸福を無視して直線的に合理性を追求すると「ブラック企業」が生まれます。社員は疲弊して、結局は業績も落ちるでしょう。合理性の追求には落とし穴があるのです。業績を追うより、むしろ「社員の幸福」を追求すると、時間はかかるかもしれませんが、結果として会社の業績も向上します。「ホワイト企業への道」というのは、そういう方向性を示唆しています。

このことは、100年もの間、「業績向上」を旗印に掲げて発展してきた経営学の前提を、ここで抜本的に見直さなければいけない、ということを意味しています。また、「幸福」というのも漠然とした概念なので、もう少し、しっかりと学問的に追究する必要があります。
かくして「〃幸福学〃と〃経営学〃の融合」という、本書の大テーマが浮かび上がってきました。

◆ホワイト企業大賞の発足

「ホワイト企業」という言葉を最初に使ったのは、おそらく第1回ホワイト企業大賞を受賞された未来工業の創業者、故・山田昭男さんでしょう。拙著『日本一労働時間が短い〃超ホワイト企業〃は利益率業界一！　山田昭男のリーダー学』（講談社）の巻頭言から、山田さん自身の言葉を引用します。

「……2014年3月3日、福岡で開かれた未来塾（注：山田さんが主宰する経営塾）で、私は初めて『ホワイト企業』という言葉を使って講演した。『社員をひどい目に遭わせるブラック企業ばっかりの世の中だけれども、ウチはブラックの逆だなあ。それなら〃ホワイト〃だ。そこで、〃よそとの差別化〃と、〃社員のやる気を起こすこと〃ができているわが未来工業は、〃ホワイト企業〃と名乗ることにしました』と話した。すると、天外さんは、この本のタイトルに早速、『超ホワイト企業』と入れることにしたと聞いて、機を見るに敏なことだなあ、と思った。……（山田昭男）」

　この本は、山田さんを講師にお迎えして天外塾で開いたセミナー（各3講を2回）の講義内容と塾生との生々しい対話を、そのまま収録しています。

「ホワイト企業」という言葉が最初に使われたのが2014年3月、この本が刊行されたのが4月、そして7月には残念ながら山田さんは逝去されました。翌8月、FM東京で山田さんの追悼番組が企画され、天外がこの本を書いていた関係でゲストに呼ばれました。

　番組の冒頭で「ブラック企業大賞」の紹介があり、よく知られている企業の名前がいくつか上がり、それと対比して山田さんがいかに社員の幸せに配慮をした経営をしてきたかが、熱く語られました。

私は「ブラック企業大賞」なるものの存在を、この時初めて知りました。確かに社員の犠牲の上に利益を追求する企業を糾弾することは意義があるかもしれません。でも、何となく違和感を覚えました。そんな「魔女狩り」のようなことをやっても、ブラック企業がなくなるとは到底思えません。「おめでとうございます。貴社はブラック企業大賞に選ばれました」と告げても、表彰式には一社も姿を現さないでしょう。それよりも「いい会社」を表彰する賞を作った方がいいのではないか……。

私自身は山田昭男さんに対する思い入れが強く、セミナーを主催したので彼のマネジメント・フィロソフィーも熟知しており、番組では予定していた音楽が流せなくなるほど喋りまくりました。でも、頭の中は「ホワイト企業大賞」の構想でいっぱいであり、番組が終わるころには、ほぼ企画が固まっていました。

山田さんは、天外塾のセミナーでも、ご自身が主宰されていた未来塾でも、経営者たちに熱心に「ホワイト企業への道」を説いておられました。「ホワイト企業大賞」を企画することは、山田さんの遺志のようにも思われました。

すぐに企画委員会を組織し、第1回の表彰式を翌年1月に定めました。一般募集している時間はないので、第1回ホワイト企業大賞には、すでに世の中で定評のある未来工業とネッツトヨタ南国を選びました。第2回からは、一般公募をする日程も決まりました。

◆ホワイト企業を目指して歩き続けるために

一般に、このような表彰では詳細な審査基準を設けるのが普通です。客観的な審査ができるようにして、公平を期すためです。しかしながら、審査基準は価値観を限定し、また達成すべき目標になります。審査基準が多様性を限定してしまうとともに、目標以上のレベルが想定されにくくなるので、経営の進化の壁になってしまうという傾向を生じます。また、審査する側が応募企業を指導する、という上から目線がどうしても出てしまうでしょう。

ホワイト企業大賞では審査基準も目標も示さず、上記の漠然とした方向性のみを示して、「永遠に歩き続ける道」ということを徹底することにしました。審査の公平性には欠けますが、その代わりに多様なマネジメントに道を開き、新しい突飛な可能性を探求していこう、という方針です。企画委員には、そうそうたる名前が並んでいますが（巻末参照）、応募企業を指導するということはなく、企画委員がびっくり仰天するような企業が出てきて欲しい、という趣旨を強調しています。

どんな企業でも叩けば埃が出ます。欠点を克服する努力も大切ですが、完璧な企業を目指してもきりがありません。むしろ、少々ブラックなところがあっても、新しい取り組みに果敢に挑戦する企業を発掘していきたい、と考えています。そういう新しい取り組みが世の中に知られることによって、産業界全体の進化が加速されると思います。

審査の方法としては、企業プロフィールの提出、企画委員による企業訪問のほかに、40項目の無記名アンケートを全社員に実施して「ホワイト企業指数」を算出します。このアンケートのオリジナルは、うつ病傾向の社員を調査するための8項目のアンケートであり、ネッツトヨタ南国で使われていたものを天外塾でも導入し、長年実施していました。それをベースに企画委員が練り、ネガティブな表現をポジティブに変え、項目を増やしたものです。

すでに天外塾でも4年にわたって使っていますが、「ホワイト企業指数」が向上した支店は翌年の業績が良くなる、などの結果が出ており、企業の経営指標としてとても優れていることが実証されています。

アンケートの内容は無料で公開されており、応募企業以外でも自由に実施できます。将来方向としては、多くの会社の「会社案内」に、この「ホワイト企業指数」が掲載されることを夢見ています。

もうひとつ、これは受賞企業（ホワイト企業大賞だけではなく、特別賞、推進賞も含む）に限られますが、シンボルマークをホームページ、会社案内、名刺などに使うことができます。社員にやさしい企業だというアピールになるので、入社希望者が増えたという声も聞かれます。

このシンボルマークは、私どもの苦心の作です。旧約聖書の「ノアの箱舟」が下敷きになっています。ノアが長いこと海の上をさまよった挙げ句、最初にカラスを放ったがどこにも行かず戻ってきてしまったが、次に鳩を飛ばしたらオリーブの葉を咥えて戻ってきたので陸地が近いことを知った、というエピソードです。

鳩は、〝pigeon〟ではなく、〝dove〟であり、平和の象徴としての〝white dove〟というのは、このエピソードから来ています。カラスが「ブラック企業」、鳩が「ホワイト企業」を象徴しています。

シンボルマークについている文字は「The White Company Way」、つまり「ホワイト企業への道」であり、これを会社案内や名刺につけると「私たちはこの道を永遠に歩き続ける」という宣言になります。共に歩き続ける仲間が増えてほしい、というのが私たちの願いです。

いままでの受賞企業は、巻末にまとめています。毎年5月にはホワイト企業大賞の募集が始まります。

第2節　日本型経営の再発見

◆自由闊達だったソニーがアメリカ流合理主義的経営で凋落するまで

ソニーの創業者、故・井深大《いぶかまさる》氏は「仕事の報酬は仕事だ」が口癖でした。仕事で成功すると、もっと挑戦的で面白い仕事を任せてもらえる、という意味です。これは「社員の働きがい」に焦点を当てたマネジメントといえましょう。仁徳の高い方なので、井深さんの時代には「社員の幸せ」には格別の配慮を怠らなかったし、小・中学校の理科教育振興、幼児教育、障がい者施設への援助などの社会貢献に多額の予算をつけていました。つまり、創業期のソニーは「社員の幸せ、働きがい、社会貢献を大切にしている」典型的な「ホワイト企業」だったのです。

私は、2005年から「天外塾」を主宰して「フロー経営」をお伝えしています。「フロー」というのは、何かにのめりこんで無我夢中で取り組んでいると奇跡が起きる現象で、創業期のソニーの躍進は「フロー理論」で読み解けます。「フロー状態」も社員の幸せにつながりますので、「フロー経営」は「ホワイト企業」に通じます。

2004年2月に「フロー理論」の提唱者、チクセントミハイ博士がアメリカ、カリフオルニア州のモンタレーで開かれたＴＥＤカンファレンスで講演し、冒頭で「自由闊達にして愉快なる理想工場」というソニーの設立趣意書を示し、「これがフロー経営の極意だよ」と話しました。たまたまその講演を聴いたことが、私が企業経営にのめりこむきっかけになりました。

結論からいうと、創業期のソニーは、チクセントミハイが研究を開始するはるか前から実質的な「フロー経営」を実施していたし、「ホワイト企業」だったし、欧米のレベルをはるかに超える先端的な企業経営を実行していたことになります。

ところが、１９９５年にトップが変わると、どうしたわけか「ソニーの経営は遅れている」と錯覚してしまいました。これは彼だけでなく、当時の日本の産業界全体が「日本の企業経営は遅れている。早く欧米に追い付かなくてはいけない」という強迫観念にとらわれていたといえます。おそらく、欧米の最先端の経営学を学んだ実務を知らない経営学者たちが、「遅れている」「遅れている」と連呼していた影響でしょう。

ソニーは成果主義などアメリカ流合理主義経営を急速に取り入れ、あっという間におかしくなりました。そして、業績の急落が日本中の株価の急落の引き金となった２００３年4月の「ソニーショック」を引き起こしてしまいました。その2年前から、社内はうつ病が急増し、地獄の様相を呈しておりました。合理主義経営への移行が「ブラック企業」へ転落するきっかけになったのは明らかです。

私自身もその渦中にいたわけですが、2004年にチクセントミハイに会うまでは、正直いって会社の中で何が起こっているのかさっぱりわかりませんでした。ソニーも、ごく最近復調の芽が見え始めましたが、思えば1995年から20年余にわたって苦しみ続けたことになります。

ただ、これはソニーだけの問題ではなく、アメリカ流合理主義経営を取り入れた多くの企業に共通して起きた凋落現象です。

◆フロー経営を生んだ日本型経営

いままでの経営学の流れを見ると（3章）、欧米人の名前ばかりで日本人の名前は出てきません。明治維新で列強諸国に接した日本人は、「日本は遅れている」との自覚のもとに、しゃにむに欧米の技術や文化を導入しました。それは企業経営にも当てはまります。いままでの日本の産業界は、息せき切って流行が激しく変わる欧米の経営学を空しく追いかけてきました。

ところが、経営学という学問にはなっていなくても、日本には欧米よりはるかに進んだ企業経営の実践が多数ありました。創業期のソニーはその典型でしょう。

しかしながら、ソニーで42年間働いた私でも、中にいた時にはそれほど進んだ経営だとは夢にも思いませんでした。チクセントミハイが「フロー経営」という言葉を提唱するまで、誰もそれに気づかなかったのです。

これは、われわれが日常的に空気の存在に気づかない、あるいは魚が水の存在に気づかないのと同じでしょう。空気がなくなって、あるいは水がなくなって、私たちは初めてその存在に気づきます。

その意味では、「フロー経営」が破壊され、うつ病だらけの「ブラック企業」に転落したソニーを経験できた私は、とても幸運だったと思います。そこで初めて、自分が長年働いていたソニーの素晴らしさ、「フロー経営」の優れた点が実感できたのです。失ったことでようやく気付いた、という感じです。そのとても苦い経験が、いま「天外塾」や「ホワイト企業大賞」を推進する力になっています。

同じように、日本の中にいて「日本型企業経営」を論じることは、ほとんど不可能でしょう。当たり前すぎて、その素晴らしさに気づかない危険性があります。それどころか、自らの自己否定感を投影して、「日本は遅れている」という認識に陥る危険性もあります。現実に、ソニーのトップをはじめ、産業界の多くの人たちや、ほとんどの経営学者の間には、「日本は遅れている」という認識が共有されていました。あるいは、今でもその傾向は払拭されていないかもしれません。

したがって、「日本型企業経営」に関して正確に把握しようと思ったら、どうしても外からの目を借りなければなりません。その意味では、日本に帰化したアメリカ人経営学者、ジェームス・C・アベグレン（1926―2007年）の2冊の著書がとても参考になります。

1冊目は、1958年に刊行された『日本の経営』（ダイヤモンド社）であり、彼はフォード財団の研究員として数年間滞在してこれを書き上げました。この本の中で彼は、アメリカの経営とまったく違う日本の経営の特徴を、次の4つに集約しました。

終身の関係
年功序列
企業内組合
集団による意思決定

この本はベストセラーになり、今日に至るまで日本企業の経営を表現するときに引用されています。ただし、アベグレンが「終身の関係―lifetime commitment」と表現した内容は、いつの間にか「終身雇用―lifetime employment」と言い換えられ、意味も若干歪んだまま世の中に定着してしまいました。

その後アベグレンは、ボストン・コンサルティング・グループ設立に参加、日本支社長として長らく日本に滞在することになります。１９９７年には日本国籍を取得し、米国籍を棄てて日本人の妻と東京都内で暮らしました。

バブルがはじけ、失われた10年といわれた後の２００４年、アベグレンの２冊目、『新・日本の経営』（日本経済新聞社）が刊行されました。

世の中一般には「終身雇用」が終焉したといわれていましたが、事実は10年以上勤続している社員の比率も平均勤続年数も、むしろ伸びており、日本の経営が決して変化していない、という点に力点が置かれています。

ここでは、この２冊を通してアベグレンが指摘している重要なポイントを、２冊目の翻訳者、山田洋一氏のあとがきから引用します。

「著者のジェームス・アベグレンは研究者として、経営コンサルタントとして、五十年にわたって日本の経営をみてきた立場から、意外な事実をあきらかにしている。日本で成功している企業がじつは、技術面では最新のものをとりいれ開発しているが、経営組織という面では日本的な価値観を維持している企業だというのだ。アメリカで流行している最新の経営手法を逸速くとりいれる企業はスマートでかっこ良く、マスコミでもてはやされるが、ほんとうに業績のいい日本企業は、遅れていてかっこ悪いとされている価値観を、ときには言い訳としか聞こえない理屈をつけてまで、愚直に守り通しているというのである。事実はなんとも意外なのだ。」

つまり、日本で企業を経営するときには「日本型経営」をしっかり意識して経営すべきであり、安易にアメリカの流行を追ってはいけない、という警鐘です。

これは、日本の経営は遅れているという認識のもとに、アメリカ流の「合理主義経営学」を全面的に取り入れ、ジャック・ウエルチを追いかけたがために凋落していったソニーに身を置いたものとしては、まことに耳が痛いコメントです。

そういえば、当時のCEOは「日本型経営」を意識しておらず、ソニーで長年培ってきた「モノづくり精神」を「時代遅れの伝統芸能だ」とさげすみ、発言はスマートでかっこよく、常にマスコミを意識していたことが思い出されました。

◆日本型経営の本質をとらえたアベグレン

2冊目が刊行されたのは、ソニーショックの直後でしたが、まだソニーの凋落は世の中的には明らかになっていませんでした。でも、アベグレンは凋落していく日本企業の要因と姿勢を、すべてお見通しだったことが良くわかります。

2章で、ホワイト企業大賞の各賞を受賞された企業をいくつかご紹介いたしましたが、それぞれに独自の経営を工夫されており、決して欧米の経営を安易に模倣した企業ではないことにご注目ください。

1冊目が刊行されたのは、まだ日本の産業界が敗戦後の大混乱からようやく脱出して、頭をもたげ始めたころでした。この時点で「日本型経営」の本質をとらえ、その素晴らしさを指摘していたアベグレンの眼力は驚嘆に値します。

天外自身も、一度雑誌の対談でアベグレンと語りあったことがあります（何の雑誌だったかは忘れました）。たぶん2冊目の刊行直後だったように記憶しています。その時点では、天外の企業経営に関する認識が浅く、アベグレンがこれほどすごい人物だとはわからなかったことがとても悔やまれます。

1冊目が刊行された後、まるでこの本による予言が実現していくように日本の産業は大躍進を遂げ、驚異の高度成長を経て、戦勝国のイギリス、フランスを抜いてGDP世界2位の経済大国に躍り出ました。1979年には、アメリカの社会学者、エズラ・ヴォーゲルによる『ジャパン・アズ・ナンバーワン』が刊行され、アメリカでも日本でもベストセラーになりました。原題には「Lessons for America（アメリカへの教訓）」という言葉がついています。

驚いたアメリカ企業は、あわてて「日本型経営」を研究し、性急に「QCサークル」、「カイゼン」、「カンバン方式の生産」などを取り入れました。ところがやはり、企業風土が大きく違う中で、手法だけを表面的に導入しても根付くことはできませんでした。

90年代に日本経済が低迷すると、今度は「日本型経営」は時代遅れだという認識が一般的になり、上で述べたようにソニーをはじめとする多くの日本企業がアメリカ流の「合理主義経営」に大きく舵を切りました。アベグレンが予言していた通り、舵を切った企業は軒並み凋落へ向かいました。

それぞれの国は、長年の歴史の中で文化や風土や価値観を熟成してきており、企業経

■国別犯罪発生率　人口10万人あたり　2014年（一部2013年）

国	窃盗	強盗	強姦	殺人
フランス	1,970.4	177.9	19.0	1.2
イギリス	1,963.1	81.5	49.4	0.9
ドイツ	1,624.0	56.4	9.1	0.9
イタリア	1,876.2	97.6	NA	0.8
アメリカ	1,833.9	102.0	36.5	3.9
日本	356.2	2.4	0.1	0.3

国連薬物・犯罪事務所（UNODC）の統計データから、10万人あたりの犯罪発生率（United Nations Office on Drugs and Crime）

営もその中のひとつの活動に過ぎません。その風土とかけ離れた経営を表面的に導入してもうまくいくわけはないのです。日本の企業は、「日本型経営」をしっかり認識し、それに更なる磨きをかける以外に繁栄の道はないと思われます。

◆日本独自の経営を探求し、世界をリードしていく

ほとんどの日本人は意識していませんが、日本は際立って民意が高い社会を実現しています。財布を落としても、ほとんどが戻ってくる国は、他の先進国の中には見当たりません。上記に各国の犯罪率の比較を載せます。

アメリカと比較すると、単位人口当たりの日本の犯罪率は、窃盗で1／5、強盗で1／

40、強姦で1／365、殺人で1／13です。これを見れば、日本がいかに特殊な社会であるか、世界の中で最も進化した社会であるか、一目瞭然でしょう。私自身は、現役時代には頻繁に海外に出かけていたので、このことは肌で実感しています。ところが、ほとんどの日本人は自己否定感が強いため「社会はどんどん悪くなっている」、「日本社会は遅れている」という強迫観念に取りつかれています。挙句の果てに、ソニーのようにアメリカ流の合理主義経営を取り入れて凋落していく企業が続出しました。私はそれを断腸の思いで見てきました。

2011年3月11日の東日本大震災は、とても不幸な出来事でしたが、略奪も起きず、人々がお互いに譲り合って秩序を保ったことで、世界は驚愕しました。日本社会がとても民意が高いことを世界に知らしめたと同時に、日本人にとっても自分たちを見直し、誇りを取り戻す、いいきっかけになったように思います。

じつは「ホワイト企業大賞」には、隠れたメッセージが込められています。これは、下手をすると低次元の国粋主義に結びつくので、当初は表明するのをやめようと思っていたのですが、あえて書きます。

世界の中でこれだけ進んでいる日本社会の中における企業経営なのに、どうしたわけか経営学者も経営者も欧米の経営学ばかりを追いかけている。もっと日本独自の経営を探求し、世界の企業経営をリードすることはできないのだろうか。

ドラッカーは確かに素晴らしいのですが、やみくもにドラッカーを追いかけるのではなく、それをはるかに超える経営学を樹立し、世界に範を垂れることが日本産業界の役割であるように思われます。これは、チクセントミハイが絶賛するほど世界的に優れた経営が実行されていたソニーで、そうとは気づかずに「遅れている」という錯覚のもとに企業カルチャーが破壊されていった、という悲劇を体験した者が発する魂の叫びかもしれません。

その日本独自の経営学の樹立には、「幸福学」からの貢献が欠かせません。本書が刊行されたことは、そのための一歩目が踏み出せたと信じております。

これをお読みの皆様も、恵まれた日本社会に生まれたことを自覚し、ともに「ホワイト企業への道」を歩みませんか。

第３節　ホワイト企業大賞の概要

◆ホワイト企業への道をともに歩む、ホワイト企業大賞の活動

ホワイト企業大賞の活動は、本書の著者である天外伺朗、前野隆司、小森谷浩志をはじめとする専門家有志がホワイト企業大賞企画委員会として集い、「ホワイト企業とは、社員の幸せと働きがい、社会への貢献を大切にする企業」と大きく定め、ホワイト企業を探求するための表彰活動や在り方を共に学ぶ勉強会などによる仲間づくりを続けています。

〝ホワイト企業大賞〟の募集には、応募組織の形態や規模に条件はありません。すでに支店や部門によるご応募もあります。募集は毎年６月ごろ応募受付を開始し、９月中旬までに資料を提出いただいた後、企画委員によるインタビュー、選考会を経て、翌年の１月に表彰式を開催しています。

応募に際しては、組織の基本情報、プロフィールの提出に加えて、共に働くすべての方を対象にした〝ホワイト企業指数アンケート〟の実施をお願いしています。このアンケートのデータから組織の健康度を知るホワイト企業指数を算出し、〝いきいき・のびのび・すくすく〟の各因子の分布状況をグラフ化していますので、組織の健康調査として続けてご応募される組織もいらっしゃいます。また、応募いただいた組織には、未来へと続くホワイト企業への道を歩む仲間〝ホワイト企業フェロー〟となっていただき交流を深めています。

表彰は、大賞に加えて、各組織の特長に着目した表彰（表彰名のいろいろは後述の表彰企業をご覧ください）、真摯に尽力される姿をたたえる推進賞を委員会で熟考して決めています。また表彰式当日は、セレモニー、招待講演、参加者全員参加のダイアログが恒例となり、大いに語り合う機会として好評をいただいています。

勉強会は、新型コロナウィルスの感染状況により、２０２１年度はオンライン開催によるホワイト企業大賞アカデミーを月次で開講し、個性豊かな委員による講座のほか、表彰企業からゲストをお招きしてお話をうかがいます。

●詳しくは、後述のホワイト企業大賞のホームページをご覧いただくか、事務局にご連絡ください。皆様のご参加を一同でお待ちしています。

表彰企業ご紹介

第1回表彰企業（2014年度）

大賞： 未来工業（株）（岐阜県安八郡）
ネッツトヨタ南国（株）（高知県高知市）

第2回表彰企業（2015年度）

大賞： 石坂産業（株）（埼玉県入間郡）
（医）ゆめはんな会 ヨリタ歯科クリニック（大阪府東大阪市）
人間力賞：（有）a i（北海道帯広市）
こんのグループ（福島県福島市）
（学）爽青会（静岡県浜松市）
国際かけはし賞：（株）王宮（大阪府大阪市）
チャレンジ賞：（株）イノブン（京都府京都市）

第3回表彰企業（2016年度）

大賞： ダイヤモンドメディア（株）（東京都港区）
西 精工（株）（徳島県徳島市）
（株）日本レーザー（東京都新宿区）
人間力経営賞：（有）アップライジング（栃木県宇都宮市）
主体性育成賞： アロージャパン（株）（兵庫県神戸市）
地域密着経営賞：（有）いっとく（広島県尾道市）
ホワイトエコロジー賞：（株）ecomo（神奈川県藤沢市）
熟慮断行賞： 大月デンタルケア（埼玉県富士見市）
ホリスティック経営賞：（医）社団崇仁会 船戸クリニック（岐阜県養老郡）
風通し経営賞： ぜんち共済（株）（東京都千代田区）
発酵経営賞：（株）寺田本家（千葉県香取郡）
いきいきウーマン経営賞：（有）ラポール（愛媛県松山市）
ハイハイのように楽しく進んでいるで賞： 菜の花こども園（長崎県長崎市）
推進賞：（医）社団耕陽会 グリーンアップル歯科医院（東京都目黒区）
上州物産（株）（群馬県前橋市）
セカンドダイニンググループ（東京都中野区）
（株）武生製麺（福井県越前市）
（株）テレトピア（山口県下関市）
（株）電巧社（東京都港区）
（株）Dreams（大阪市中央区）
ノアインドアステージ（株）（兵庫県姫路市）
（医）社団白毫会やもと内科クリニック（宮城県東松島市）

第4回表彰企業（2017年度）

大賞：（株）ピアズ（東京都港区）
（株）森へ（神奈川県横浜市）
リベラル（株）（東京都江戸川区）
健幸志向経営賞： 旭テクノプラント（株）（岡山県倉敷市）
社員、女性に優しい経営創造賞：（株）I-ne（大阪府大阪市）
笑顔が生まれる経営賞：（株）カルテットコミュニケーションズ（愛知県名古屋市）
人間愛経営賞：（株）基陽（兵庫県三木市）
明け渡し経営賞： ご縁の杜（株）（神奈川県湯河原）

学習する組織経営賞：(有)たこ梅(大阪府大阪市)
部門充実経営賞：(株)ドコモCS ビジネスサポート部(東京都港区)
知好楽経営賞：(有)ノームランド高橋(群馬県利根郡)
ワークライフ インテグレーション経営賞：(株)ファースト・コラボレーション(高知県高知市)
あったか家族経営賞：(株)プレシャスパートナーズ(東京都新宿区)
公私充実経営賞：(株)ポッケ(東京都渋谷区)
ごきげん経営賞：安井建設(株)(愛知県江南市)
地域愛経営賞：(株)弓田建設(福島県会津若松市)
推進賞：(一財)旧岡田邸200年財団(北海道旭川市)
(株)グッドラックスリー(福岡県福岡市)
(株)電巧社(東京都港区)
福田刃物工業(株)(岐阜県関市)

第5回表彰企業(2018年度)

大賞：(株)荒木組(岡山県岡山市)
坂井耳鼻咽喉科(愛知県春日井市)
愛あるモノづくり経営賞：(有)安琳(兵庫県三木市)
日本型1000年家族経営賞：iYell(株)(東京都渋谷区)
個人を起点に進化経営賞：(株)UZUZ(東京都新宿区)
キラキラ共育経営賞：昭和医療技術専門学校(東京都大田区)
生徒と社員のいきいき経営賞：新教育総合研究会(株)(大阪府大阪市)
人間愛経営賞：(株)シンコーメタリコン(滋賀県湖南市)
人が輝く経営賞：(株)NATTY SWANKY(東京都新宿区)
あったかのびのび経営賞：長野県労働金庫 茅野支店(長野県茅野市)
幸せ追求経営賞：(株)ヘッズ(大阪府大阪市)
社会復帰支援大賞：北洋建設(株)(北海道札幌市)
ホワイト企業パイオニア賞：(株)電巧社(東京都港区)
(株)ドコモCS ビジネスサポート部(東京都港区)
推進賞：(医)あいばクリニック(大阪府岸和田市)
小林税理士事務所(埼玉県川越市)
(株)シー・アール・エム(愛知県名古屋市)
(株)スタジオタカノ(東京都小平市)
ダイワワークス(有)(三重県三重郡)
(株)タカヤマ(埼玉県所沢市)
福島建機(株)(福島県郡山市)
(株)ラッシュ・インターナショナル(愛知県名古屋市)

第6回表彰企業(2019年度)

大賞：(医)かがやき(岐阜県羽島郡)
GCストーリー(株)(東京都江東区)
使命感と仲間意識の両立賞：(医)社団勝榮会 いりたに内科クリニック(東京都杉並区)
社員を守る現場直結経営賞：万協製薬(株)(三重県多気郡)
一途な思いの経営賞：京都おぶぶ茶苑(京都府相楽郡)
地域社会を支える感動経営賞：長野県労働金庫(長野県長野市)
働く一人ひとりのチャレンジ精神賞：ワタミグループ 三代目鳥メロ(東京都大田区)
ミッション共感、宇宙の響き経営賞：(株)ウエイクアップ(東京都品川区)
人間尊重型経営志向賞：hair and healing RASA(静岡県静岡市)
研鑽経営賞：ダイワワークス(有)(三重県三重郡)

縁と絆の経営賞：(株)基陽(兵庫県三木市)
ホワイトベンチャー追求賞：iYell(株)(東京都渋谷区)
ありがとう経営賞：(株)平安閣(愛知県一宮市)
健康経営賞：(株)コミットメントホールディングス(東京都渋谷区)
地域を大切にしているで賞：(医)永井医院(山形県最上郡)
規則よりも風土文化賞：(株)河合電器製作所(愛知県名古屋市)
成長見守り経営賞：(株)スズキアリーナ川口(埼玉県川口市)
形も心も視界良好経営賞：名古屋眼鏡(株)(愛知県名古屋市)
変化し続ける経営賞：(株)ゲットイット(東京都中央区)
社員の幸せを考えたプロ経営賞：(株)ネットプロテクションズ(東京都千代田区)
業界の地位向上賞：(株)東産業(三重県四日市市)
人は石垣、ありがとう経営賞：(株)オトコネイル(東京都千代田区)
こころある経営賞：(株)人形町今半(東京都中央区)
ドリームサポート経営賞：四国管財(株)(高知県高知市)
ホワイト企業パイオニア賞：(株)電巧社(東京都港区)
小林税理士事務所(埼玉県川越市)
推進賞：特定(医)財団博愛会(福岡県福岡市)
(株)ホンダカーズ信州(長野県飯田市)
(株)グランジュテ(東京都中央区)
(株)ファーストロジック(東京都千代田区)
(株)NEXTAGE GROUP(東京都港区)

第7回表彰企業(2020年度)

大賞：(有)谷川クリーニング(茨城県神栖市)
(株)京屋染物店(岩手県一関市)
MAISON CACAO(株)(神奈川県鎌倉市)
価値前提経営賞：(株)第一コンサルタンツ(高知県高知市)
心を一つに。感動を届けるものづくり賞：(有)たかはし(宮城県気仙沼市)
医療経営革新賞：(医)大河内会おおこうち内科クリニック(愛知県稲沢市)
幸せを応援し合うチャレンジスピリッツ賞：iYell(株)(東京都渋谷区)
地域の誇り経営賞：(株)平安閣(愛知県一宮市)
これからの福祉を体現しているで賞：一般社団法人自立支援推進センター(神奈川県横浜市)
一期一会賞：社会福祉法人雲南ひまわり福祉会(島根県雲南市)
共存共栄経営賞：(株)タカミエンジ(大阪府大阪市)
地域愛経営賞：(株)山全(徳島県三好市)
理念浸透経営賞：(株)ローラン(栃木県宇都宮市)
のびのびいきいき経営賞：(医)翔志会たけち歯科クリニック(京都府京都市)
ワークライフ統合 次世代の働き方促進賞：(株)北陸人材ネット(石川県金沢市)
助け合い社風賞：(有)安琳(兵庫県三木市)
利他で社員がやる気満々賞：リタワークス(株)(大阪府大阪市)
ウェルビーイングを大切にした社内環境と組織文化づくり経営賞：(株)Phone Appli(東京都港区)
協働でつくり出す持続可能CS賞：(株)ホンダカーズ信州(長野県飯田市)
いきいきチームワーク賞：(医)社団勝榮会いりたに内科クリニック(東京都杉並区)
推進賞：(株)アニバーサリーホーム半田(愛知県半田市)
税理士法人あすなろ(和歌山県和歌山市)
(株)ワンピース(兵庫県加古川市)
(医)なりとみ歯科(佐賀県鳥栖市)

ホワイト企業大賞企画委員会

＜代表＞

天外 伺朗　天外塾主宰／（一社）フロー・インスティテュート代表理事／ホロトロピック・ネットワーク代表

横田 英毅　ネッツトヨタ南国（株）取締役相談役／高知県経営品質協議会 代表幹事

＜委員＞（五十音順）

新井 和宏　（株）eumo代表取締役／ソーシャルベンチャー活動支援者会議（SVC）会長

嘉村 賢州　東京工業大学リーダーシップ教育院 特任准教授／「ティール組織（英治出版）」解説者／場づくりの専門集団NPO場とつながりラボhome's vi代表理事

小森谷浩志　ENSOU Inc. CEO／博士（経営学）／経営思想家

瀬戸川礼子　Riveroffice／ジャーナリスト／中小企業診断士／YouTuber

武井 浩三　（一社）自然経営研究会 代表理事

辻 秀一　スポーツドクター／（株）エミネクロス 代表／（一社）DialogueSports研究所 代表理事

成澤 俊輔　（株）YOUTURN 取締役

西 泰宏　西 精工（株）代表取締役社長

西川 敬一　（株）ブロックス 代表取締役社長

萩原 典子　GCストーリー（株）常務取締役

原田 隆史　（株）原田教育研究所 代表取締役社長

藤沢 久美　シンクタンク・ソフィアバンク代表

前野 隆司　慶應義塾大学大学院SDM研究科教授 兼 慶應義塾大学ウェルビーイングリサーチセンター長

八木陽一郎　ユニティガードシステム（株）代表取締役社長

山田 博　（株）森へ 創設者

山田 裕嗣　EnFlow（株）代表取締役／（一社）自然経営研究会 代表理事

吉原 史郎　Natural Organizations Lab（株）代表取締役／循環畑·循環経営実践家

米澤 晋也　（株）たくらみ屋 代表取締役／（株）Tao and Knowledge 代表取締役／指示ゼロ経営考案者／夢新聞協会 理事長

＜チームほわいとクリエーター＞

石丸 弘　（一社）自然経営研究会 代表理事／ギフトに生きる

＜事務局＞（五十音順）

石川 公子　（有）エスティーム 代表取締役／（一社）俯瞰工学研究所 主任研究員

大前みどり　（一社）フロー・インスティテュート 理事

木村 昌男　カウンセラー／『そだねCafe』店主

仁藤 和良　（株）ビヨンド 代表取締役社長

西嶋美代子　（株）昇夢虹 代表取締役

運営母体：（一社）フロー・インスティテュート

ホワイト企業大賞企画委員会

URL：https://whitecompany.jp/　ホワイト企業大賞企画委員会 事務局：info@whitecompany.jp

むすび

北海道浦河町にある精神障害者のための互助施設「べてるの家」に掲げられている理念の中に「安心してサボれる会社づくり」というのがあり、例外なく人々の注目をひきます。私たちが持っている会社の常識、「しゃにむに作業効率を上げなければいけない」、「脇目もふらず仕事に没頭しなければいけない」とは真逆だからです。

資本主義社会が到来し、「会社」という組織形態が出現してから百年余、その間労働生産性はすさまじい勢いで向上してきました。それを支えてきたのが「経営学」という学問です。結果として会社は、社員にとっては鎧兜《よろいかぶと》に身を固めて戦わなければいけない「戦場」になってしまいました。かつて流行した「企業戦士」という言葉が、それをよく物語っていますね。

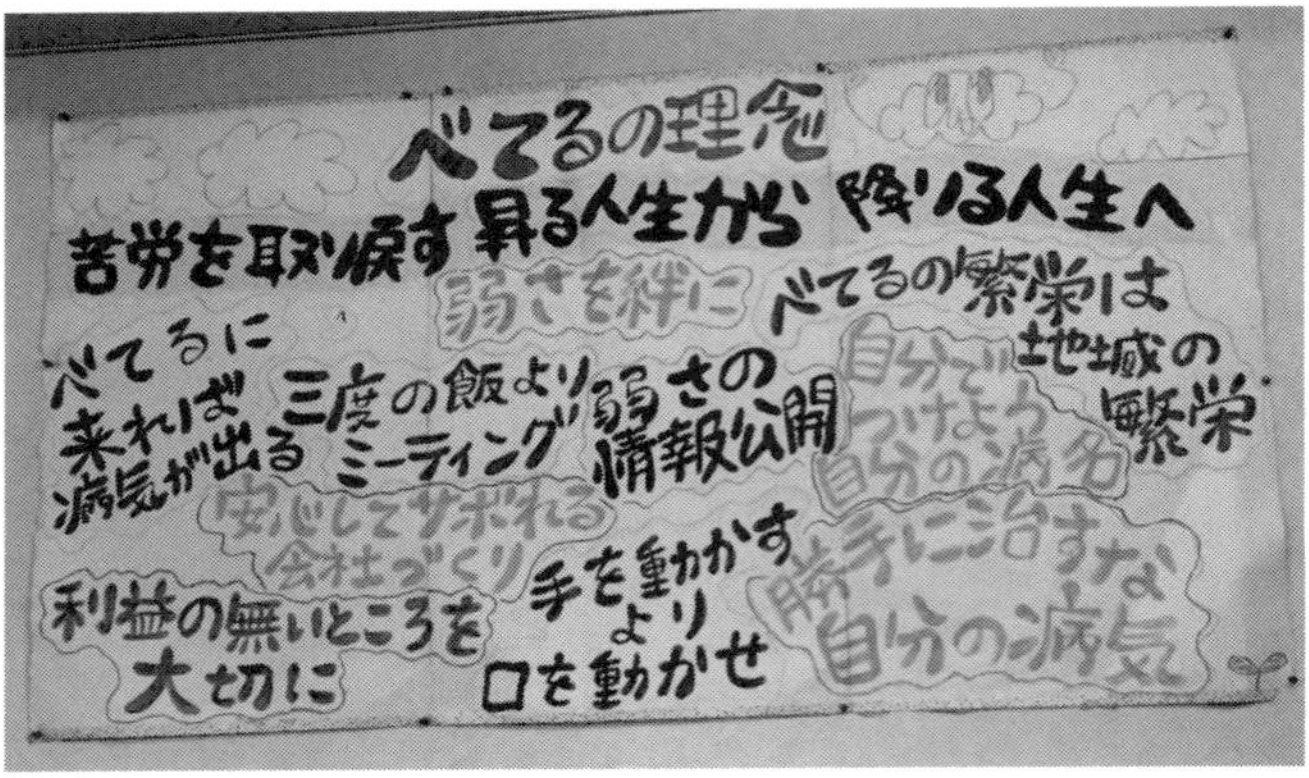

「べてるの家」に掲げられている理念

たしかに企業戦士たちが戦って、日本は経済的発展を勝ち取りました。でも、どうでしょう。もう、誰の目にもその限界が明らかではないでしょうか。効率向上のプレッシャーに負け、追い立てられ、戦いに疲れて「うつ病」になる社員がすさまじい勢いで増えています。

「べてるの家」は、昆布の袋詰めなどで年間約1億円を売り上げる営利組織なのですが、「勝手に治すな自分の病気」、「弱さの情報公開」とうたわれているように、効率向上よりも「ありのままに」存在することが大切にされています。「ありのまま」というのは、一般的には病的と思われているような症状も含み、統合失調症の方は幻聴を堂々と語り、幻聴と共にしっかり生きています。定期的に幻聴コンテストをやっているくらいです。

その様子は「鎧兜に身を固め、戦わなければいけない」、「強くなくては生きてはいけない」、「弱みを見せてはいけない」、「戦えなければ捨てられる」などの常識がはびこる一般の会社からはとても想像できません。

一般の会社が、社員を戦士とみなし、戦う能力、働く能力、会社のために役立つ機能だけに注目しているのに対し、「べてるの家」では、人間の存在そのものを尊重しています。人間は、「戦えるから価値がある」、あるいは「能力があるから価値がある」というのではなく、「存在しているだけで十分価値がある」という思想です。

「べてるの家」の理念は、過去百余年、脇目もふらずに一直線に効率向上に取り組んできた企業経営に対して、「一度走るのをやめて、立ち止まってよく方向性を考えてごらん」と語っているような気がします。

「企業は何のために存在するのか?」という疑問は、「人は何のために働くのか?」、あるいは「人は何のために生きるのか?」という次のステップの疑問につながります。そして、その答えのひとつが「幸せになるため」でしょう。

私どもは、この「効率」から「幸福」への企業経営の100年ぶりの大転換を加速するため、「ホワイト企業大賞」を推進しております。本文で述べたように「社員の幸せ、働きがい、社会貢献を大切にしている企業」という漠然たる方向性のみを示して「永遠に歩き続ける道」の探求です。本書でも一部の受賞企業をご紹介いたしましたが、すでに多くの企業がこの方向に歩み始めています。

この企業経営の大転換は、経営学の大転換も意味しています。いままでは、もっぱら合理的に効率向上を追求してきたのに対して、「幸福」という捉えどころのない要素を取り入れていかなくてはいけません。本書は、「幸福学」と「経営学」の融合へ向かう最初の突破口になることを目指しております。

共著者のひとり、慶応大学の前野隆司教授は、かつてはロボットの研究者で「受動意識仮説」を提唱して脳科学の分野に果敢に挑戦しておられました。天外も、犬型ロボットAIBOや、2足歩行ロボットQRIOを開発した後、人工知能と脳科学を融合した「インテリジェンス・ダイナミクス」という学問を提唱し、その名を冠した研究所の所長を務めていたので、当時はよくコンタクトしておりました。何年ぶりかにお会いしたら、日本の「幸福学」の権威になっておられ、この

１００年ぶりの企業経営の大きな方向転換のキーパーソンになりつつあります。

もうひとりの共著者、経営学者の小森谷浩志博士は、日本で「フロー経営」という言葉を使って本を書かれた３人のうちのひとりです（あとのふたりは、天外とスポーツドクターの辻秀一さん＝やはりホワイト企業大賞企画委員）。

このように、ホワイト企業大賞企画委員とともに、ホワイト企業大賞を推進するだけでなく、新しい企業経営の潮流のガイドラインとなるような本をまとめることができるのは、私にとって無上の喜びです。

本書をお読みいただいた皆様に、この新しい潮流をご理解、ご賛同いただき、ひとりでも多くの方がこれを推進する仲間に加わっていただければ嬉しく思います。

天外伺朗

２０１８年５月

前野 隆司（まえの・たかし）

慶應義塾大学大学院システムデザイン・マネジメント（SDM）研究科教授。1962年、山口県生まれ。東京工業大学卒、同大学修士課程修了。キヤノン入社後、カリフォルニア大学バークレー校客員研究員、ハーバード大学客員教授、慶應義塾大学理工学部教授等を経て、2008年より現職。博士（工学）。研究領域は、幸福学、システムデザイン・マネジメント学、イノベーション教育と幅広い。著書に、『幸せのメカニズム』（講談社現代新書）、『システム×デザイン思考で世界を変える』（日経BP社）、『幸せな職場の経営学』（小学館）など多数。

小森谷 浩志（こもりや・ひろし）

博士（経営学）、株式会社ENSOU代表取締役、株式会社ジェイフィール コンサルタント。神奈川大学経営学部国際経営学科講師。ニッカウキスキー株式会社入社、営業にてトップの業績を残す。その後、アサヒビール株式会社のコンサルティング会社の設立に参画、コンサルタント育成体制を構築。現在は“生命が喜ぶ経営”をテーマに活動。自覚の方法論として東洋の智慧、特に禅の基本テキスト「十牛図」に着目、マネジメント・コミュニティを中核とした組織開発、個の可能性の開花にアプローチするワークショップを展開している。著書に『週イチ・30分の習慣でよみがえる職場』（日本経済新聞出版社）などがある。

天外 伺朗（てんげ・しろう）

工学博士（東北大学）、名誉博士（エジンバラ大学）。1964年、東京工業大学電子工学科卒業後、42年間ソニーに勤務。上席常務を経て、ソニー・インテリジェンス・ダイナミクス 研究所（株）所長兼社長などを歴任。現在、「ホロトロピック・ネットワーク」を主宰、医療改革や教育改革に携わり、瞑想や断食を指導。また「天外塾」という企業経営者のためのセミナーを開いている。さらに2014年より「社員の幸せと働きがい、社会貢献を大切にする企業」を発掘し、表彰するための「ホワイト企業大賞」も主宰している。著書に『「ティール時代」の子育ての秘密』、『実存的変容』（内外出版社）など多数。

幸福学×経営学
次世代日本型組織が世界を変える

発行日　2018年5月27日　第1刷
　　　　2021年7月10日　第5刷

著　者　前野隆司　小森谷浩志　天外伺朗

発行者　清田 名人

発行所　株式会社 内外出版社
〒110-8578　東京都台東区東上野2-1-11
電話03-5830-0237（編集部）
電話03-5830-0368（販売部）

印刷・製本　中央精版印刷株式会社

ISBN 978-4-86257-354-4